性格診断ブームを問う

心理学からの警鐘

小塩 真司

注：近年インターネット上で見られるＭＢＴＩは本来のＭＢＴＩとは別物であるため、本書では、本来のＭＢＴＩはＭＢＴＩと、インターネット上で見られるＭＢＴＩは〈ＭＢＴＩ？〉と表記し区別しました。

岩波ブックレット No. 1107

I　インターネットの性格診断は信用できるのか?

突然の〈MBTI?〉の流行

ＭＢＴＩⓇ[1]という言葉が近年、特に若い人々の間に流行しているのをご存じでしょうか。「私はＩＮＦＰ（仲介者型）」とか「あの人はＥＮＴＪで指揮官型」とか、アルファベット四文字を組み合わせて人々を表現します。そしてもっと詳しい人になると、「ＩＮＴＪ（建築家型）とＥＳＦＪ（領事型）は相性が良い」とか「ＩＮＴＰ（論理学者型）とＥＮＦＪ（主人公型）は相性が悪い」というように、あるタイプと別のタイプとの間の相性の良し悪しについても言及するようになります。

ＭＢＴＩという言葉を知らない人からすれば、まるで暗号で会話をしているように感じられるのではないでしょうか。

日本では、突然ＭＢＴＩが流行したように思われます。検索キーワードから流行を可視化することができる Google のサービス、Google Trends（https://trends.google.co.jp/）にＭＢＴＩと入力してみると、日本でＭＢＴＩというキーワードがよく検索されるようになってきたのは二〇二一年の途中からだということがわかります。

おそらくそのきっかけは、韓国の人気アイドルグループたちが YouTube 動画で〈ＭＢＴＩ?〉

を取りあげたり、自分の〈ＭＢＴＩ？〉のタイプを公表したりしたことにあると思われます。

私自身は心理学者ですので、もともとＭＢＴＩはアメリカ合衆国で開発された性格（パーソナリティ）を理解するための一種の道具であり、アメリカでは以前から社会の中に浸透しており、特に企業の研修などでよく使用される、自己理解のための道具のひとつであることも知っていました。なお本書では、「性格」と「パーソナリティ」は同じものを指していると考えてもらって差し支えありません。他にも「人格」とか「気質」という用語もあり、細かく使い分ける専門家もいますが、本書では、いわゆる人々が話題にする「性格」（パーソナリティ）に注目します。

そして私は、アメリカの多くのパーソナリティ心理学者たちが書籍の中でよくＭＢＴＩに言及してきたことも、さらに多くの場合、それがＭＢＴＩを批判する論調であったこともよく知っています。ただし、当時はまだ日本で今のような〈ＭＢＴＩ？〉が流行していなかったことから、「こういう話もあるものだな」と対岸の火事のように見ていたことも確かです。

なお、アメリカにおけるＭＢＴＩの長期にわたった普及は、当然本来のＭＢＴＩに基づいています。一方で、近年の日本においては、本来のＭＢＴＩではないものが、ＭＢＴＩの名称で誤って流布してしまいました。つまり今、皆さんがインターネット上で誰もが無料で受けることができる性格診断〈ＭＢＴＩ？〉は、本来のＭＢＴＩではありません。質問項目の内容を考えても、とてもＭＢＴＩと呼ぶことはできないのです。無料で受けることができる性格診断があたかも「ＭＢＴＩである」かのように喧伝《けんでん》され、人々の間に広まってしまったというのが、日本における現在の特殊な状況なのです。

ところで、本書は、本来のＭＢＴＩやインターネット上で提供される性格診断〈ＭＢＴＩ?〉について詳しく解説することを目的としたものではありません。〈ＭＢＴＩ?〉についての解説はインターネットを探せば数多く見つかります。ただし、それらの解説は多くの場合、ＭＢＴＩとはかけ離れた不正確な内容を多分に含みますし、曲解や拡大解釈も多く含まれています。正確な情報であるのかどうかについては、十分に確認が必要です。

本書は、「どうして私たち(特に若者たち)はインターネット上の性格診断〈ＭＢＴＩ?〉にハマるのか」、「手に入れた診断結果をどのように考えるべきなのか」、「性格(パーソナリティ)検査とはそもそもどのようなものであるのか」といったことについて考えていくことを目的としています。なお、性格検査とは、性格の特徴を測定するための道具(測定用具)のことを指し、性格診断は性格を解釈して意味づけを行うことを指します。

そこでまずは、本来のＭＢＴＩについてよく知らないという読者の皆さんにも、今後どこかで見聞きする際に役立つ情報となるはずですので、ＭＢＴＩについて、歴史を踏まえながら説明します。ただし、ＭＢＴＩによって分類されるそれぞれのタイプを詳しく説明するわけではありません。その点は、他の情報で補っていただければと思います。

ＭＢＴＩとは

ＭＢＴＩは Myers–Briggs Type Indicator が正式名称です。この名称は、マイヤーズ(Myers)とブリッグス(Briggs)が開発し、Ｃ・Ｇ・ユング(一八七五〜一九六一年)のタイプ論(Type Theory)

に基づいた、指標・指針（Indicator）からくるものです。マイヤーズとブリッグスは母娘で、母親のキャサリン・ブリッグスは一八七五年生まれ（～一九六八年没）、娘のイザベル・マイヤーズは一八九七年生まれ（～一九八〇年没）です。

ブリッグスは大学を卒業し、教師として働く中で、二〇世紀初頭に独自の性格理論を考えていきます。教育や子育てについてのエッセイなども執筆して雑誌に掲載されたりもしたようです。その中で、スイスの心理学者ユングの心理学的タイプ論（タイプ論）に出会います。

ユングのその理論は、人間の心をまず、「外向」と「内向」という二律背反の構造から理解しようとするものでした。外向と内向は、人がもつ二つの心的態度を意味し、人は両方を兼ね備えているとされます。外向は心のエネルギーが自分の外界に向かうことを指し、外部の出来事や他者との交流から活力を得ます。一方、内向は心のエネルギーが自分の内面に向かうことを指し、内省するなどして内なる世界から活力を得ます。

ユングの理論では、外向と内向の他に、心を「感覚」「直観」「思考」「感情」という四つの心的機能という側面から捉えようとします。「感覚」は五感を通じて情報を集める機能で、「直観」は五感以外（たとえば、ひらめきや可能性や全体像など）を情報として集める機能を指します。また「思考」は対象から距離を置いて、第三者として論理や分析に基づいて結論を導き出す機能、「感情」は、対象に自分を位置づけて当事者として、自分の思いや好き嫌い、快不快などに基づいて結論を導き出す機能となります。

これらは二つずつ対極でペアになります。「感覚」と「直観」は、情報の集め方で、合わせて知覚機能といわれ、また、意識されにくいことから非合理的機能ともいわれます。一方で「思考」と「感情」は、知覚機能で集めた情報をもとに何らかの判断を下すことから判断機能といわれ、これらは意識しやすいことから合理的機能ともいわれます。

ユングは、このような心的態度と心的機能を組み合わせることにより心の「タイプ」というものを考えました。つまり、心的態度が「外向」と「内向」の二つ、心的機能が「感覚」「直観」「思考」「感情」の四つですので、組み合わせると八種類になります。「外向・感覚」型、「外向・直観」型、「内向・思考」型、「内向・感情」型といった具合です。

ＭＢＴＩの略史とその理論のオリジナル性

ＭＢＴＩの前身となる質問紙による検査は、母親のキャサリン・ブリッグスによって一九四〇年代に開発されたといわれています。その後、一九六〇年代に最初のＭＢＴＩ質問紙が、ユング派の心理学者たちの協力を得ながら、キャサリンとイザベル母娘によって完成します。開発当初はあまり注目されなかったようなのですが、その後、アメリカ合衆国においては特にビジネスの世界で、受け入れられるようになっていきました。

ＭＢＴＩはユングの理論をベースとしながらも、日常生活の中でその理論が活用できるように、独自の枠組み（フレームワーク）で個々の「認知のスタイル」の特徴を捉えようとするものとされます。また、それぞれの性格タイプの指標をアルファベットで記号化している点も特徴的です。

ＭＢＴＩではまず、心的エネルギーの方向として「外向（Extraversion：E）」と「内向（Introversion：I）」の両極が設定されます。そして、ユングの理論の四つの機能を二つずつ対極のペアにして、心をカテゴリーで捉えるのを特徴とします。ひとつは、情報を知覚する機能としての「感覚機能（Sensing：S）」と「直観機能（iNtuition：N）」の組み合わせです。もうひとつは情報を判断する機能としての「思考機能（Thinking：T）」と「感情機能（Feeling：F）」の組み合わせです。ユングの理論では、四つの機能のいずれかと、外向・内向と組み合わせて八種類のパターンを作り出しますが、MBTIではEとSとTのように、対極のペアのいずれかを指標の記号でもって組み合わせます。

MBTIではこれら八つの指標に加えて、ユングの理論にはない独自の指標が設定されています。それは、「知覚的態度（Perceiving：P）」と「判断的態度（Judging：J）」で、JP指標といわれます。このJとPは、人がどのように外界と接するのを好むかを示す心的態度です。「知覚的態度（P）」は外界の情報に開かれて臨機応変に物事の流れに添う態度、「判断的態度（J）」は外界を決め体系立てて整理する態度のことです。

またMBTIでは、一人の心の中に、すべての機能と態度が兼ね備わっていると考えます。たとえば、「INFJ」は、IとNとFとJしかもち合わせていないのではなく、その対極のEもSもTもPもまた兼ね備えているとされます。どの機能も態度も普段の生活の中で働くものなのですが、利き手や利き目のように、自分にとって自然と使っているほうがあり、その組み合わせを「タイプ」と呼んでいます。

以上のように、四つの対極のペアが設定されます。たとえば、外向と感覚と思考と知覚的態度の組み合わせはそれぞれのアルファベットを組み合わせて「ＥＳＴＰ」と表現され、内向と直観と感情と判断的態度の組み合わせは「ＩＮＦＪ」と表現されます。ペアが四つありますので、二の四乗で一六通りのパターンとなります。

なお、ＭＢＴＩは、性格を診断したり判定したりするための道具として開発されたわけではありません。ＭＢＴＩの本来の目的は、自己理解と自己成長を促すことです。質問項目に回答したあとに、得られた回答結果を手がかりとして、ＭＢＴＩの専門家の支援を受けながら自分と向き合って自分を理解し探求し検証していく時間が設けられます。本来のＭＢＴＩでは、トレーニングを受け資格試験に合格した有資格者(認定ユーザー)だけがＭＢＴＩを実施することができるということが、国際的に定められているようです。ですから、ＭＢＴＩは一人で気軽に質問に回答して、自動的にタイプが診断されて数分で終わる検査ではないのです。[2]

ここまで見てくると、おそらく、多くの皆さんが体験したりイメージしたりしている〈ＭＢＴＩ？〉と本来のＭＢＴＩとは、特徴も使い方も相当ちがっているのではないでしょうか。

日本とのかかわり

ＭＢＴＩは、思った以上に古くから、日本とのかかわりをもっています。

日本語の研究論文データベースJ-STAGE(https://www.jstage.jst.go.jp/)で「ＭＢＴＩ」をキーワードとして検索し、心理学の関連の文献の中でもっとも古いものを探すと、一九六五年に日本教育心理学会の第七回総会で発表した、学会発表論文が見つかります。[3]

この発表論文は、まさにＭＢＴＩを日本語に翻訳し、数百名に調査を行うことで、得点分布や因子分析などの統計的な検討に加えて、知的能力検査との関連などについても検討したものです。この発表論文はpdfファイルで読むことができるのですが、当時は手書きで書かれています（私が大学院生だった一九九〇年代でも、手書きの学会発表論文をまだ見かけたものです）。

そして、この発表論文には質問項目も掲載されています。たとえば、外向・内向を測定する質問項目としては、「あなたは、Ａ ちょっとした社交家である。Ｂ 静かで控え目である」といった質問に対して、ＡかＢかを強制的に選択させる二者択一の形式で評定していきます。おそらく、皆さんがＭＢＴＩだと思っている回答の形式とはずいぶん印象が異なるのではないでしょうか。

さて、この論文の著者には千葉大学や東京大学の心理学者の名前も並んでいるのですが、筆頭著者として「日本リクルートセンター」に所属する人々の名前が並んでいることもわかります。この社名ですが、一九六〇年に大学新聞広告社という名称で会社が設立され、一九六三年に日本リクルートセンターに社名が変更され、さらに一九八四年に株式会社リクルート、現在は株式会社リクルートホールディングスとなっている会社です。この発表論文の著者の中には、この企業の設立者たちの名前が並んでいます。

ＭＢＴＩは、元リクルート専務取締役である大沢武志による著書『心理学的経営』（ＰＨＰ研究所、一九九三年）にも登場します。この著書の中では、日本リクルートセンター設立の翌年、学会発表の前年にあたる一九六四年にＭＢＴＩを知ったと書かれています。その後すぐにＭＢＴＩ日本語版の開発が始まり、先に書いた学会発表へとつながっていきます。まだアメリカでもＭＢＴ

Iが知られていない時期に、日本語への翻訳が試みられていました。この書籍を読むと、彼らが積極的にMBTIを活用しようと試みていた様子がうかがえます。

近年、〈MBTI?〉が突然流行したように見えますが、実は日本では数十年間もの間、就職活動をする学生たちはMBTIに派生する質問項目に回答してきたという歴史があるのです。就職活動の中で多くの日本人がこの検査に触れてきた歴史があるということは、あまり知られていないのではないでしょうか。

もう少し具体的に説明しましょう。就職活動に取り組む学生の皆さんなら誰もが一度は受けたことがある就職適性検査に、リクルート社のSPIがあります。一九七四年に誕生したSPIには能力検査と性格検査が含まれており、その質問項目は約三〇〇項目からなります。さらにこの中には、AとBのどちらの文章に自分がより当てはまるかを選択する質問項目が含まれています。

このAとBのどちらにより近いかを選択する質問項目は、MBTIに非常によく似ています。なぜなら、実際にMBTIの設問や内容を参考にした質問項目群が、SPIに組み込まれてきたからです。それだけでなく、SPIの結果からMBTIと同じ一六タイプを導くこともできたことが文献の中にも記載されています(4)。

さて、アメリカで開発された本来のMBTIは、自己理解と自己成長を促すために開発されたものです。人々を評価し、選抜する就職適性検査としての使用方法を想定したものではありません。すでに見てきたように、認定ユーザーという専門家の支援のもとで実施することを前提とした、MBTIの利用方法とも異なっています。就職適性検査としてMBTIを利用することは、

ＭＢＴＩが開発されたときの使用目的や使用方法から逸脱しているとも考えられます。アメリカでも、就職活動時にＭＢＴＩが用いられることがあるようですが、基本的には自己理解やキャリア開発の一環として用いられ、選抜の目的とは異なっているようです。このようなことから、本来のＭＢＴＩの普及のために二〇〇三年に設立されたのが、一般社団法人日本ＭＢＴＩ協会（代表理事・園田由紀）です。(5)

パーソナリティ心理学

ここで、心理学の中のひとつの研究領域である、パーソナリティ心理学について触れたいと思います。これは人間の性格（パーソナリティ）を研究する心理学の一分野です。性格を測定する検査や尺度を開発することもありますし、性格の形成、性格と社会への適応との関係、学業や仕事との関係、心身の健康との関係、国際比較や文化的な比較、遺伝や脳神経科学的な研究など、性格（パーソナリティ）という概念を軸にして、多種多様な研究が世界中で行われています。

パーソナリティ心理学では、人々の心の個人差をどのように整理して記述するか、ということを考えます。その際に、大きく分けて**類型論（タイプ論）**と**特性論**という捉え方があります。人々をいくつかのグループに分けて、それぞれのグループの特徴を記述するやり方が類型論です。そして、細かい連続的な指標を用いて個人差を記述するやり方が特性論です。学力を例にすれば、「あの人は文系」「この人は理系」という表現が類型論的な表現です。それに対して「国語は九〇点、数学は七五点、英語が八〇点」と、それぞれを細かい得点で表現することが特性論的な表現となります。

類型論の歴史は古く、古代ギリシアのヒポクラテスや古代ローマのガレノスが提唱した、人々を四種類に分類して捉える考え方は、一九世紀頃まで影響を与えてきました。その他にも、多くの類型論が提唱されてきた歴史があります。

二〇世紀初め、アメリカのパーソナリティ心理学者オールポートとオドバートは特性論の観点から、辞書から人間同士を区別する単語を抜き出し、その中にいくつパーソナリティを表現する用語があるかを整理しました。(6) 抜き出した単語は実に一万八〇〇〇語、そしてパーソナリティを表現する単語は四五〇〇語もあったのです。人間を表現する細かい特徴を考えていくと、非常に多くの特性を考えることができる可能性があることを意味しています。

そこから、単語を整理して主要な特性を探究する研究がはじまります。ただし、主観的に整理するのではなく、調査を行って得たデータを統計的に整理する試みが何度も行われました。そして二〇世紀後半は、コンピュータの演算能力が飛躍的に向上していきます。多くの人が多くの単語について、自分自身や周囲の人にどの程度当てはまるかを回答します。統計処理をすることで似た単語はまとまり、似ていない単語はまた別のグループにまとまっていくのです。このような検討を行う中で、一九六〇年代以降、多くの単語はおおよそ五つのまとまりになっていくことが繰り返し報告されるようになりました。そして一九九〇年代に入ると、「**ビッグ・ファイブ・パーソナリティ**」とか「**五因子モデル**」と呼ばれるようになっていきます。(7)

ビッグ・ファイブ・パーソナリティは、人間の全体的なパーソナリティを「外向性」「神経症傾向」「開放性（経験への開放性）」「調和性（協調性）」「誠実性（勤勉性）」の五つのパーソナリティ特性それぞれについて、数値による得点で表現します。つまり、「外向型―内向型」ではなく、「どの程度外向的か」を数値によって量的に表現するのです。たとえるとこれらは、国語、数学、英語、理科、社会の五科目の学力をそれぞれ得点や偏差値で表現するようなものです。

外向性は、活発で積極的、エネルギッシュで社交的、他者と交わることを好む傾向を意味します。外部の刺激を得ることを好む傾向があることから、一人でいるよりも多くの人と楽しく時を過ごすことを好みます。外向性が低いことは内向性と表現でき、一人でいることや静かで落ち着いた環境を好む傾向があります。

外向性という言葉は、もともと先述したユングの外向（Extraversion）に由来します。ユングは「心のエネルギーの向かう方向」として外向・内向を説明していますが、アメリカやイギリスのパーソナリティ心理学の中で、統計的に見出された一群のパーソナリティ特性に「外向性」という単語があてられました。特性論を前提としたパーソナリティ心理学では「外向性」、ＭＢＴＩやユング理論では「外向」と表現されることが多く、同じ表現が用いられていても両者の内容は同じではありませんので、注意が必要です。

神経症傾向は、ストレスを感じやすく不安や悲しみ、落ちこみ、怒りなどのネガティブな感情を抱きやすい特徴をもちます。この特徴は、日常生活の中で苦痛を抱きやすい傾向に結びつくのですが、一方でこれは、些細な兆候から危機を早期に察知しやすいことも意味します。神経症傾向は情緒不安定性とも呼ばれ、神経症傾向が低いことは情緒安定性とも呼ばれます。情緒安定性は、感情の揺れ動きが少なく安定し、落ち着いている傾向を表します。

開放性(経験への開放性)は、経験したことがない新しい経験や考え方に対して開かれており、柔軟な態度を示し、好奇心が旺盛な傾向を表します。開放性が高い人は、美術館や博物館、図書館に行くことを好み、芸術や学問にも関心を示す傾向があります。一方で開放性が低い人は、現実を重視し、伝統や慣習を尊重し、変化の少ない安定した環境を好む傾向があります。

調和性(協調性)は、他者に優しく配慮や思いやりを示し、協力的で友好的な傾向を表します。対立を避けて円滑な人間関係を築こうとしますが、競争すべき場面でも一歩引いてしまう可能性もあります。一方で調和性(協調性)が低い人は、自分の意見や考えを優先する傾向があり、他者に勝とうとし、自己主張が強く、とげとげしい態度をとる傾向も見られます。

誠実性(勤勉性)は、計画的で目標を達成しようとし、責任感があり、自分を律して行動する傾向を示します。几帳面でねばり強く物事に取り組む傾向がありますが、完全主義的な状態に陥ってしまう可能性もあります。一方で誠実性(勤勉性)が低い人は、衝動的で計画性に欠け、自然体で物事に取り組む傾向があります。

二〇世紀後半以降の心理学では、パーソナリティの測定方法や測定の考え方、洗練方法についても多くの発展がありました。やはりここでも、コンピュータや統計的な分析方法の発展が関係します。どのようにすれば安定して測定することができるのか(信頼性)や、本当に目的の内容を測定することができているのか(妥当性)という問題の考え方自体についての学問的な発展も進んできたのです。

これらの学問的また技術的、方法論的な展開の多くは特性論の世界の話で、類型論（タイプ論）に位置するＭＢＴＩの展開とは別の流れの中で生じたことだとも言えます。

無料の検査？

さて、近年の〈ＭＢＴＩ？〉の流行現象は、インターネット上において無料で受けることができるサービスが発端となっています。その代表格が皆さんご存じの、16 Personalities（https://www.16personalities.com）です。

ウェブサイトにアクセスして、このサービスの質問項目をよく見てください。ここまでに説明してきたような、「ＡとＢのどちらの文章に近いかを選ぶ」形式ではないことに気づくはずです。ウェブサイト上では、ある文章に対して「賛成する」から「反対する」までの七段階で回答する形式になっています。この回答形式は、本来のＭＢＴＩとは異なります。

また、16 Personalities のウェブサイトの中には、「これはＭＢＴＩです」とはどこにも書かれていません。説明には、ユングの理論やＭＢＴＩを参考にして、さらに五つ目の次元を加えて、心理学におけるビッグ・ファイブ・パーソナリティに基づいてバランスを調整することで独自の枠組みを作成したと書かれています（独自のＮＥＲＩＳⓇと呼ばれるモデルだと主張されています[8]）。ですから、四つのアルファベットの組み合わせの後に、さらにもうひとつ五つ目のアルファベットが追加されています。16 Personalities は、ＭＢＴＩと同じアルファベットを用いながら、ＭＢＴＩもユング理論も取り入れていないと書かれているのです[9]。

それでも質問項目の内容をチェックすると、確かにビッグ・ファイブ・パーソナリティの内容に非常によく似ていることもわかります。16 Personalities の外向−内向の「外向」を測る質問項目はビッグ・ファイブ・パーソナリティの「外向性」を測定する項目の一部によく似ています。また、直観−観察（外見上はＭＢＴＩの直観−感覚に対応）の「直観」方向の質問項目は、ビッグ・ファイブ・パーソナリティの「開放性」の質問項目によく似ています。思考−感情の「感情」方向の質問項目は、ビッグ・ファイブ・パーソナリティの「調和性（協調性）」、計画−探索（外見上はＭＢＴＩの判断−知覚に対応）の「計画」の質問項目は、ビッグ・ファイブ・パーソナリティの「誠実性（勤勉性）」の内容に対応しています。そして、16 Personalities に独自の自己主張−激動については、「激動」側がビッグ・ファイブ・パーソナリティの「神経症傾向」、「自己主張」側が「情緒安定性」によく似た内容となっています。16 Personalities は、ＭＢＴＩのアルファベット四つにもうひとつのアルファベットがつけられていますが、これはビッグ・ファイブ・パーソナリティの五つの指標で表現することから来ていると想像されます。

また、「〇〇家型」「〇〇者型」といった名称は、型にはめることを目的としていないＭＢＴＩにはないものです。このような名称を使うことで、ウェブサイトへのアクセスと診断を行う人が増えること、インターネットなどに投稿しやすくすることも狙っているのかもしれません。言うまでもなく性格を固定化させステレオタイプ的なイメージの形成にもつながる危険性があります。特にＪＰ指標は、オリジナルのＭＢＴＩで独自に設定されたものなのですから、この枠組みを用いておいて「ＭＢＴＩとは無関係」と主張することには、無理がありそうです。

いずれにしても、日本人の多くがＭＢＴＩだと思って回答している、インターネット上の無料の性格診断は「ＭＢＴＩではない」のです。16 Personalities はビッグ・ファイブ・パーソナリティに基づいた質問項目（適切な質問項目かどうかは疑問が残るところですが）から得点を計算し、タイプ分けについてはなぜかＭＢＴＩの指標形式（記号）を流用し性格判定を行っているものです。

ＭＢＴＩは著作物であり、アメリカ合衆国をはじめＭＢＴＩが普及しているすべての国で商標登録されています。本来のＭＢＴＩは、無料で実施することができるものではないということは、覚えておいてほしいポイントです。

また、日本ＭＢＴＩ協会のウェブサイトには、無料の〈ＭＢＴＩ？〉で診断された結果に不安や絶望感を抱き、問い合わせがあったという事例も報告されています。[10] 診断結果だけを見て、またインターネット上でさまざまに面白おかしく表現される内容を真に受けてしまう人は多いのではないかと考えられます。すでに説明したように、本来のＭＢＴＩは自動的に結果が出て自分で判断するものではなく、また日本では原則一八歳以上でないと受けられないとされています。そもそも、自分自身について理解を深めるというのは、簡単なことではないのです。

ＭＢＴＩに対する批判について

最初に少し触れたように、特にアメリカのパーソナリティ心理学者たちはＭＢＴＩに対して批判的です。たとえば、アメリカやカナダの大学で教鞭を執ったパーソナリティ心理学者のブライアン・リトルは、著書の中でＭＢＴＩの流行（アメリカ国内の流行）に対して苦言を呈しています。[11]

彼は、ＭＢＴＩが人々をいくつかの「タイプ」に分類する類型論そのものに対して批判的です。しかし、人々をタイプに分けること自体が悪いとは、私は思いません。類型論と特性論は、複雑な物事をどのように表現するかという問題です。人々を分けて表現するのであれば類型論、要素を細かく分けて表現するのであれば特性論となります。内容が適切であり、目的が明確であり、欠点を踏まえたうえで用いるのであれば、類型論的な表現は実際に役に立つのです。

アメリカの心理学者スコット・リリエンフェルドも、書籍の中で頻繁にＭＢＴＩを批判してきた心理学者です。彼は書籍の中で、ＭＢＴＩと他の心理検査との関係を検討した研究を挙げながら、ＭＢＴＩの検査としての妥当性（本当に測りたいものを測ることができているのかという問題）に疑問を呈しています[12]。

しかしこの点も、簡単に結論を下すことはできません。ＭＢＴＩの四つの指標が、現在広く心理学の中で用いられているビッグ・ファイブ・パーソナリティとよく対応するという結果を示した論文も存在しています[13]。

そもそも本来のＭＢＴＩは、質問項目に答えるだけで人々を診断し分類するものではなく、自己理解を促す中で、自分で自分のタイプを見つけていくものです。そして、妥当性というのは検査を前提とした道具について考える際に問題になるものです。ＭＢＴＩが自己理解や自己成長のために用いられるのであれば、本当に自己理解が促されているのかどうかがまさに「一連の手続きとしての妥当性」なのであり、検査を前提とした妥当性についてあれこれ問題にするのは、本質的な議論ではないように思われます。

「〇〇に向いている」かどうか

性格検査や適性検査の質問項目に回答して、結果、あるタイプに分類されたとします。そこに書かれた内容が、テストの内容や基本的な概念から直接的に導かれるものであれば問題はありません。ある人が外向的で感覚的で思考と知覚の組み合わせであることから、ある人の特徴としてこれらの組み合わせの内容を直接言い表す形で、「あなたの特徴はこうです」と表現するのであれば、理論的な内容の是非は置いておいて、誤りだというわけではないのです。

しかし往々にして、そこから派生して、応用的で発展的な内容が判定内容に書かれていることがあります。

たとえば、「このタイプの人はこの職業に向いている」と書かれていたらどうでしょうか。「このタイプの人がこの職業に多い」ならまだわかります。実際に調査を行って、実際にある仕事をしている人には特定のタイプが他のタイプに比べて統計的に多いかどうかを調べることができれば、このように書くことはできます。実際に調べることは、それほど難しいことではありません。

しかし、特定の職業にあるタイプが多いからといって「この職業に向いている」と判定するのはどうでしょうか。人数が多いから向いているとは限りません。そして、特定の職業に「向いている」のかどうかを検証することは、実際に研究を進めていくことを考えると、実はとても難しいことなのです。

そもそも「向いている」とは、何なのでしょうか。

研究を行うためには、まず「「向いている」とは何か」を定義しなければいけません。たとえば、ある職業に就いてしばらくしたときの「収入の多さ」を「向いている」ことの指標だとみなすことができるかもしれません。同じ職業の人の中で、より収入が多い人を「向いている」と判断するということです。もちろん「昇進スピードの速さ」とか「職業満足度」とか「ウェルビーイング」だとか、他にも「向いている」ことの結果となりそうな指標を考えることは可能です。

就職活動中の大学生一〇〇〇人を対象に16 Personalitiesに回答してもらい、一六タイプに分類します。それぞれの大学生は、一六タイプのいずれかに分けられます。全員が無事就職して、一〇年後にもう一度、彼らに調査を実施します。そして、年収を尋ねます。すると、あるタイプの学生がどのような職業に就いたときに、より収入が多くなるかがわかる可能性があります(このようなことをしても、明確にわからない可能性も十分にあります)。

このような検討を通じて初めて、「このタイプにはこの職業が「向いている」」と記述できるようになるのです。

……それはそうなのですが、はたしてこのような検証は実際に行われているのでしょうか。一六タイプという類型のパターンの多さ、そして就職先となる職業の種類の多さを考えると、大学生一〇〇〇人程度では統計的な結果を検出できるのか、心もとない印象があります。となると、数千人とか数万人とか、もっと大規模な人数を対象にして、一〇年といわずより長期間にわたる一大調査プロジェクトを計画しなければいけなくなります。

さらにいえば、ある時期にあるタイプとある職業の組み合わせがうまく機能して、一〇年後に他の組み合わせよりも年収が増えたとしても、それがその一〇年後の学生にも当てはまる保証はありません。一〇年経てば人気のある業種も職種も変わっていくでしょう。またＡＩが発展している現在、これから予想もしなかった職業が生まれ、それまでは安定した職だと思われていた職業が消えていってしまう可能性もあります。

このような問題は、研究の中で見出された研究結果を社会に応用しようとする場合には、つねに生じることです。性格検査に基づいて何かを述べる際も、過去に手に入った結果や知見から、現在の目の前の人について何かを述べるのですが、そこでは、研究結果を社会に応用することと同じように、時間のズレという問題が伴うのです。

相性の問題

インターネット上の性格診断が人気を集めている背景には、「あるタイプとこのタイプは相性が良い」「あるタイプとこのタイプは相性が悪い」という、相性診断への関心もあるようです。

私が大学で授業をしているときにも、学生から必ずと言っていいほど出される質問のひとつが、「性格によって相性の良し悪しはあるのでしょうか」というものです。

ここでも、先ほどと同じように、研究の方法を考えてみましょう。

やはり、まずは、「「相性」とは何か」を考える必要があります。

辞書で「相性」という言葉を調べてみると、「男女・友人・主従などが、互いに性格がよく合うかどうかということ」などと書かれています。何となくわかったような気がするかもしれませんが、問題はこの説明に書かれている「性格が合う」とは何のことなのか、ということです。単純に考えれば、お互いに同じタイプであることを「合う」と考えがちです。しかし、同じタイプだからといって、「良い関係」になるとは限りません。「性格が合う」の「合う」というのは、性格以外のところで考える必要がある問題なのです。

性格診断で判定された一六タイプの人々がいます。タイプ同士の組み合わせは、一六×一六で二五六通りです。非常に困難を伴う研究計画ではありますが、この二五六通りの組み合わせのカップル一〇〇名（男女五〇名ずつ）に研究への参加を依頼しましょう。でも、実際にどうやって集めることができるのでしょうか。

まず、数十万人規模の大規模な調査を行い、そのうちそれぞれの組み合わせに当てはまる二万五六〇〇人（一六タイプ×一六タイプ×一〇〇人）に研究への参加をお願いすることにしましょう。これがどれだけ大規模な研究になるか、想像することができるでしょうか。

さて、「性格が合う」というのは、結果的に関係性がうまくいくことを指します。彼らが結婚前のペアなのであれば、将来結婚することは「関係性がうまくいった」ことの証拠になります。また、長期的につきあった際に別れたり離婚したりしないこと、関係が破綻しないことも関係性がうまくいくことの証拠になります。あるいは、恋愛関係満足度や結婚関係満足度などを、心理学的な調査によって測定することもできます（測定するための心理尺度は開発されており、研究ではよく用いられています）。

あるタイプと別のタイプの組み合わせの相性が悪いのであれば、実際に組み合わせたときにいつまで経っても結婚せず、結婚しても数年後に離婚し、関係満足度は高くならず……という結果が手に入るはずです。

ここでひとつ、重要なことに注意しなければいけません。この研究に参加する人々は、性格診断のどのタイプがどのタイプと相性が良く、どの組み合わせの相性が悪いのかという先入観をもたない人々ではないといけないという点です。最初から「自分の相手は自分と相性が悪い」という先入観をもっていれば、ほんの少し言い争いをしただけで「やっぱり相性が悪いからだ」と、悪い方向に判断してしまう可能性があります。あるタイプと別のタイプの相性が実際に悪いことが関係破綻の原因ではなく、「相性が悪い」という先入観をもっていたことが原因である可能性もあるのです。

いずれにしても、特定の組み合わせのカップルが、別の組み合わせのカップルよりも関係性がうまくいった「証拠」を集めないと、「このタイプの組み合わせは相性が良い」と言うことはできないのです。

相性の確かめ方に関しては、同性のペアであっても異性間のペアであっても同じです。関係がうまくいくかどうかは「このペアとこのペアだと特徴の内容からしてこういうことがあるだろう」と、イメージで推測するだけでなく、特定のペアがどのような関係を築いていく傾向があるのか、さらに別の組み合わせと比べてその傾向が確率的に高いのか低いのかを検討しなければいけません。それが最低限、科学的な根拠に基づいた相性の診断だと言えます。

はたして、こういった検討を経たうえで、「相性が良い」「相性が悪い」と書かれているのでしょうか……あまりにも検討のコストが大きいように思えます。

もしも事実が違っていたら

その他のことについても、同じことが言えます。

ある性格のタイプについて、「このタイプは感受性が高いので、芸術や音楽に魅力を感じる」と書かれていたとします。

もしこのように書くのであれば、本当かどうかを確かめてからにしないといけません。このタイプの人々は他のタイプよりも本当に、芸術や音楽に興味をもっており、美術館に行く頻度が多いという証拠はあるのでしょうか。また、このタイプの人々は、小学校や中学校で美術や音楽の成績が他のタイプの生徒よりも良い傾向が見られるという証拠はあるのでしょうか。さらに、芸術大学や音楽大学の学生は、他のタイプよりもこのタイプの比率が高く人数が多い傾向が見られるのでしょうか。

「このタイプはこういう特徴がある」と断言するためには、こういった地道な確認をずっと繰り返していかなければいけません。「なんだか面倒くさい」という感想を抱くかもしれません。ええ、私もとても面倒だと思います。

しかし、この面倒くさい作業を、世界中の研究者たちが少しずつ行っていって、研究知見を互いに確認しながら積み上げていくのが学問の世界というものです。

とはいえ、確認する方法がない、というわけではないのです。ここまで書いてきたように、どのような方法で確認すればよいのかについては考えることはできるのです。ですから、あとはいつ誰が努力を費やすかという問題だけです。

そして、このタイプにはこういう特徴があったと考えていたけれども、確かめてみたら実は違いましたという結果や、この特徴をもつのはこのタイプではなく別のこちらのタイプでした、という結果が報告されても、受け入れる必要があります。もしかしたら、「このタイプとこのタイプは相性が良いと言われていましたが、実はいちばん離婚率が高い組み合わせでした。結果から考えてみれば、こういう理由もありえますので、理論を修正する必要があります」という研究結果が報告されるかもしれません。そのような結果が得られるのであれば、それも受け入れなければいけません。科学的な研究のエビデンスに基づいた提言なのですから。

研究結果を見て、理論を柔軟に見直してより良いものにしていくのが、学問的な手続きというものなのです。今まではこのタイプとこのタイプの相性の良さを信じていたけれども実は……ということは、研究の世界ではよく生じることなのです。

自分に当てはまることは全体にも当てはまるのか

インターネット上の性格診断について話をしていると、「自分は何度か診断を受けたらタイプが変わった」「私は何度やってもタイプが変わらない」「私は結果がその通りだと思う」「私は当てはまらないと思う」など、さまざまな意見が出てきます。

しかし、いずれも「私はどうか」というところに意見が集約されがちです。

一方で、統計的な確認は、「私はどうか」とは別のところで議論が展開します。どのタイプが何に向いているかという問題も、どのタイプとどのタイプの相性が良いのか悪いのかという問題も、「統計的な確認」は個人の問題ではなく、集団を見たときにどのように「偏っているか」を問題にします。

たとえ統計的にはまったく偏っていなくても、「私には当てはまる」と言うことができてしまうのです。

たとえば、〈MBTI?〉の結果によると日本人はINFPタイプ（仲介者型）が一番多いそうなのですが（何度も書きますが、これは本来のMBTIではないもので判定されたタイプです。本来のMBTIにはそのように書かれていません）、このタイプは共感性が高いと書かれているようです。

ここで〈MBTI?〉を批判する人が、「INFPタイプは共感性とはまったく関係がない」と主張したとしましょう。そして実際に、〈MBTI?〉とそれ以外の共感性の結果（面接とか他の心理尺度による）との間には、関連がないとします。関連がないことを前提として、INFPタイプが二〇〇人、INFPタイプ以外が二〇〇人いると仮定します。

もしもまったく関連がないのであれば、共感性が高い人と低い人はINFPタイプの中にもそうではないタイプの中にも同じ人数いることになりますので、**表1**のような結果になるはずです。

表1を見てわかるように、組み合わせは四種類あり、どの組み合わせにも同じ人数がいます。

もしもあなたがINFPタイプであり、他の人の気持ちを汲み取る共感性が高い人物なのであれば、左上の枠に当てはまります。「自分はＩＮＦＰで、理論どおり共感性が高い組に当てはまる」と感じることでしょう。

しかし、表１のような状態なのであれば、「だから他の人も当てはまるはずだ」と考えを進めることは誤りになるのです。なぜなら、当てはまらない人も同じだけいるからです。「自分には当てはまる。だからみんな当てはまる」と考えることは、思考の飛躍です。あなたがＩＮＦＰタイプで共感性が高いのは、たまたまなのです。

同じことは、「自分には当てはまらない。だからこんなものは誤りだ」という思考にも言えます。**表２**を見てください。これは、統計的な調査の結果、ＩＮＦＰタイプと共感性との間に関連が見られた場合のパターンです。ＩＮＦＰタイプかつ共感性が高い組み合わせと、ＩＮＦＰタイプ以外と共感性が低い組み合わせがそれぞれ一五〇人、ＩＮＦＰタイプで共感性が低い組み合わせと、ＩＮＦＰタイプ以外で共感性が高い組み合わせがそれぞれ五〇人となっています。この結果は、統計的に見れば十分に偏りがあるとされ、「ＩＮＦＰと共感性との間に関連がある」と結論づけられる状態です。

ここで、「自分はＩＮＦＰタイプだけれど共感性は高くない」という人がいるとします。この人は、表の左下に位置する人です。ではこの人が、「だから関連はないのだ」と結論づけるこ

表１　INFP と共感性との間に関連が見られない場合

	INFP タイプ	INFP タイプ以外
共感性　高い	100 人	100 人
共感性　低い	100 人	100 人

表２　INFP と共感性との間に関連が見られる場合

	INFP タイプ	INFP タイプ以外
共感性　高い	150 人	50 人
共感性　低い	50 人	150 人

とは正しいでしょうか。

表全体で見れば、関連があるのは明らかなのですから、この人が左下に位置するからといって自分自身の体験だけから「だから関連なんかないのだ」と結論づけることは、全体の結果と矛盾します。この人はたまたま、確率的には少数派の左下に位置しているだけなのです。

事実として関連がなくても関連があっても、「自分がこうだから」という理由によって、全体の状態が結論づけられるわけではないのだ、ということを理解しておくことは大切です。

さまざまな検査

さて、ＭＢＴＩは、六〇年以上の独自の歴史をもつ性格検査です。作成された経緯も興味深いものですし、ユングの理論に基づいて独自の類型を試みている点も、二つの言葉や文章から選択させるという形式も興味深いものです。

そしてＭＢＴＩと同じくらい、いやもっと古くに開発されて、現在も多くの場面で使用されている心理検査や性格検査は存在します。

たとえばＹＧ性格検査（矢田部・ギルフォード性格検査）は、京都大学教授だった矢田部達郎が、アメリカの知能やパーソナリティの研究で知られるジョイ・ギルフォードのもとで学んだ成果から一九五〇年代に誕生した性格検査です。[14] ただし矢田部は一九五八年に亡くなったことから、ＹＧ性格検査の研究は関西大学の辻岡美延や京都大学の園原太郎に受け継がれ、現在でも辻岡の流れを汲む日本心理テスト研究所株式会社がＹＧＰＩという名称で企業や学校向けに販売し、判定サービスを提供しています。

内田クレペリン検査も、日本で開発され現在も使用されている心理検査としては非常に長い歴史をもつものです[15]。早稲田大学で教鞭を執った経験をもつ心理学者、内田勇三郎が最初にこの検査の概要を発表したのは大正一三(一九二四)年のことです。この検査は、一分間の間に一桁の数字の足し算を行い下一桁の数字を記入する作業をできるだけ行い、これを三〇分間繰り返すことで得られた全体的な作業量や誤答、作業量の変化(作業曲線と言います)から、作業を行った人の性格や行動面の特徴を判定する検査です。現在でもこの検査は、官公庁や企業、医療現場などで使用されており、内田の流れを汲む株式会社日本・精神技術研究所が販売と解釈サービスを提供しています。

国内外で長年使用されているＭＢＴＩが、これまで長年利用されている他の検査に比べて決定的に劣るのかと問われれば、私はそうは思いません。すでに説明したようにＭＢＴＩは他の性格検査と違い、それだけで性格を診断する道具ではありません。得られた結果をきっかけに自分自身について理解を深めるために利用するものです。再度繰り返しますが、皆さんがインターネット上でウェブサイトにアクセスし、質問に回答することで自動的にタイプが提供されるものは、本来のＭＢＴＩではありません。この点は、明確にしておいてください。

では、16 Personalities に代表されるお手軽な性格診断には、どのような問題があるのでしょうか。次の話題へと進んでいきましょう。

Ⅱ　楽しさの背後にあるもの

浸透する〈ＭＢＴＩ？〉

私が勤める大学の学生たちも、いわゆるインターネット上の〈ＭＢＴＩ？〉を楽しんでいます……今は16 Personalities のことを指しますが、もしも将来的に別の性格診断が流行するようになったとしても、おそらく同じような問題が生じるだろうと予想しておきます。

大学では最近、サークルのメンバー紹介でも〈ＭＢＴＩ？〉のタイプを示すことがあるそうです。授業の中で学生たちが自己紹介をする際にも、〈ＭＢＴＩ？〉のタイプである四文字のアルファベットを耳にしたことがあります。インターネット上の自己紹介でも、さりげなくアルファベット四文字が書かれていることがあります。また、これも学生が授業の感想に書いていたことですが、最近では就職活動の際に企業から〈ＭＢＴＩ？〉のタイプを尋ねてきたり、企業説明会において、働いている人々の〈ＭＢＴＩ？〉のタイプがどのような比率になっているかを紹介する企業もあったりするそうです。実際に、企業紹介の動画の中にもアルファベット四文字が登場しているのを見たことがあります。

日本では〈ＭＢＴＩ？〉が話題になってからほんの数年の間で、一気に浸透してきた印象があります。

〈MBTI？〉があまりに一気に広まってきたことから、よく知らない人との情報の格差が大きくなっています。「私、ESTJ（幹部型）なんだよね」と言われても、〈MBTI？〉について詳しくない人からすれば、何のことを言われているのか、まったく理解できません。実は私自身も、学生が「私はISFP（冒険家型）です」と自己紹介されても、「ああ〈MBTI？〉のことか」とは思っても、その内容が何なのかにはほとんど興味がなかったりするのですが……。

どうして、人（特に若者たち）は〈MBTI？〉が「楽しい」と感じるのでしょうか。

そこにはいくつかの理由があると考えられます。

自分を知りたい

インターネット上で性格診断に回答するひとつの大きな動機づけは、「自分のことを知るため」ではないでしょうか。

質問項目に回答し、自分の診断結果が画面に表示されます。それを見たとき、どのような感想を抱くのでしょうか。「自分にはこういう一面があるんだ」と思って納得するでしょうか、あるいは「やっぱりそうか」と、薄々感じていた自分のことを再確認する感覚になるでしょうか。それとも「そんなはずはない」と意外に思うでしょうか。

誕生日や血液型から「あなたはこうだ」と診断が下る場合、何に基づいてその診断を下しているのか、診断のメカニズムがよくわからないところがあります。それに比べれば、自分自身で質問項目に回答して、その結果が表示されるわけですから、そこに表示される結果というのは「自分自身で答えた内容を集約したもの」でもあるのです。ですから、アンケートへの回答から自分のことについて示された結果というのは、ある意味では「当然の内容」であるとも言えます。

当たっているところがある

一方で、もしもまったく当てずっぽうの診断結果を返したとしても、多くの人はその自分に向けられた診断結果を「自分に当てはまる」と考えてしまう可能性があります。

一般的で当たりさわりのない、曖昧な性格の記述を見せたときに、自分自身に当てはまると感じてしまう心理的な現象のことを、**バーナム効果**と言います（フォアラー効果とも呼ばれます）。この言葉もすでに日本で浸透していますので、どこかで見聞きした機会があるかもしれません。

アメリカの心理学者バートラム・フォアラーは、一九四〇年代に簡単な実験を行いました[16]。学生たちを対象に、性格診断を実施します。そしてそれぞれの回答者に、診断結果を提供します。

しかし実際には、全員に同じ結果を返していたのです。「あなたにはまだ明らかになっていない多くの能力がある」とか「あなたには性格面で短所があるが、たいていそれを補うことができる」「外では規律正しくふるまって自制心があるが、内面では心配性で不安定な面もある」といった文章です。中には、「あるときは外向的で愛想がよく社交的であるが、あるときは内向的で警戒心が強く控え目である」といった文章も示されていました。

学生たちは、この性格診断がどの程度信頼できるものなのか、また自分自身の診断結果がどれくらい自分に当てはまる正確なものであるかについて、〇点から五点までの六段階で評価するように求められました。また、示された一三の文章それぞれについて、当たっているかどうかを考えて回答することもしています。

自分に示された診断結果について、大部分の学生たちは四点か五点をつけており、結果が自分自身に非常によく当てはまっていると考えていました。また、この性格診断を「とても信頼できるものだ」とも評価していました。また、ひとつひとつの文章についても、多くの学生が「当たっている」と回答しています。性格診断はしたものの、全員に対して同じ結果を返却しているにもかかわらず、このような結果になったのです。

ちなみにこの実験は大学の授業の中で行われており、全員が診断はうまくいったと手を挙げたそうです。そして、ひとつひとつの診断結果の文章が読み上げられると、全員に同じ結果が配られていることが明らかになり、「クラスは爆笑に包まれた」と論文の中に書かれています（冗談のようですが、本当にそのように書かれているのです）。

さて、バーナム効果の「バーナム」とは、アメリカの興行師P・T・バーナムに由来します。映画『グレイテスト・ショーマン』を見たことはあるでしょうか。この映画の中で、ヒュー・ジャックマンが演じていた主人公が、興行師のP・T・バーナムです。サーカスや見世物小屋や舞台など、さまざまな興行をすることで知られた人物で、多くの人々を魅了し、万人向けの娯楽を提供することができると称された人物でした。

一九五〇年代に心理学者のポール・ミールは、フォアラーが行ったような心理学における効果を説明するために、バーナムの名前を借りて「バーナム効果」と名づけました[17]。そして、バーナム効果によって、人々が占いや心理テストなどがたとえ正しいものではなくても、「当たっている」と信じやすくなると考えたのです。

インターネットで得られた診断結果だとされる記述を、あるタイプと別のタイプで入れ替えてみましょう。そして、質問項目に答えた人に「これがあなたの結果です」と示します。きっと、多くの人は「当たっているところがある」と考えてしまうことでしょう。もちろん、全員がそのように考えるわけではありませんが、多くの人は自分に当てはまるところがあると思うはずです。

信じさせるテクニック

さて、バーナム効果を生み出す記述は、多くの人に「当てはまる」という感覚をもたらします。しかし、診断の記述の中には、とても具体的なものもあります。

ずっと昔から、占い師や予言者、超能力者、マジシャンといった人々が用いてきたテクニックのひとつが、コールド・リーディングと呼ばれるものです(18)。このテクニックを使うと、事前情報がまったくない状態で、初対面の相手の人となりや過去の体験、現在の状況、未来に起こる可能性のある出来事までも、とても正確に見える形で情報を提供することができます。

コールド・リーディングでは、相手の状況をまず観察して、何かしらの手がかりを得ることを試みます。そして、誰にでも当てはまるような一般的な言葉を投げかけることで、相手に「自分に当てはまる」と感じさせます。たとえば、「最近、あなたにとってとても重要な出来事が起きましたね」といったフレーズです。おおよそ、多くの人には重要な出来事が起きるものですし、もし占い師に相談に来ていて、深刻そうな表情で部屋に入ってくる姿を見れば、この言葉を投げかけることで「そうです」と、相手からの同意を引き出すことができるでしょう。

誰にでも当てはまる言葉や言い回しを用いることで、まさにバーナム効果によく似た効果をもたらすことができるのです。

さらに次のステップとして、肯定的な反応が得られた話題を掘り下げて、具体的な話題へと進んでいきます。具体的な話題へと進みながらも、反応を探りながらさらに相手から情報を引き出し、次に可能性の高い情報を提供していきます。すると、とてもプライベートなことを言い当てられたという強い印象を、相手に与えることができます。そして、いったんこちらのことを信じさせることに成功すると、ますます相手はプライベートなことを口にするようになっていくようにもなるのです。

加えて、ショットガンニングというテクニックもよく用いられます。これは、バーナム効果を生むフレーズのような、多くの人に当てはまりそうな言葉を、次から次へと提示していくことです。もしもあまり反応がよくなければ、すぐに話題を変えてしまうことも、よくあるようです。話題を変えてもまったく問題はなく大丈夫だということも、この手のテクニックが書かれた本の中にはよく示されています。話をしている中でどこかの何かが当たっていれば、相手は「当たった」と感じるものであり、外れたことはすぐに忘れていってしまうものだから、だそうです。

コールド・リーディングに対して、ホット・リーディングというテクニックもあります。これは、事前に相手に関する情報を手にしておき、利用することです。インターネット上で氏名を検索すると、過去に部活動や習いごとで活躍した記録が表示されるかもしれませんし、SNSのアカウントがわかれば、さらに詳しい交友関係や過去に体験したことを、情報として手に入れることができるかもしれません。

さらに、コールド・リーディングと混ぜながらホット・リーディングの情報を効果的に使っていくことで、当たり障りのない情報を言われる中で突然、的を射た発言が飛び出してくる演出をすることもできます。このようなテクニックを用いると、ますます「すごい!」「どうして当たるの?」と感心してしまいそうです。

さて、これらのテクニックからわかることは、診断結果がすべて当たっていなくても、その結果を信用してしまうということが十分に起こる可能性がある、ということです。診断結果として記述された内容のうち、どこか一部が自分に当てはまっていれば、私たちはその内容を信じる根拠として利用してしまうものなのです。

社会的つながりをもちたい

〈MBTI?〉の話題は、他者との間に一体感を生み出します。〈MBTI?〉の流行は日本ではまだ比較的新しく、よく知らない人ととても詳しい人との間に大きなギャップが生じています。そして、韓国のアイドルやインターネット上のインフルエンサーたちが〈MBTI?〉を話題にすることで、彼らとの共通の話題を詳しく知っているという「特別感」を得ることもできます。

人々の間に何かしら共通点があると、「同じ仲間」だと感じます。私たちは、何かを好きであるとか嫌いであるとか、投げたコインが表であるか裏であるかといったように、たいして本質的ではない、無意味に思えるような条件であっても、グループに分けられると「仲間」と「仲間以外」という意識が生じてしまうものなのです[19]。

「〈MBTI?〉を知っているか知らないか」や「〈MBTI?〉に興味があるかないか」という条件も、当然ながら仲間かそうでないかという認識を芽生えさせます。

人間が他者に受け入れられ、他者との関係を築き、社会的なつながりを維持しようとすることは基本的な欲求のひとつです。心理学では**所属欲求**（need to belong）とも呼ばれます[20]。友人から〈MBTI?〉の話をされたときに、その内容を否定したり会話を拒否したりすることは、関係性を損なう可能性を生じさせます。せっかく友人が話し始めた話題を止めることにもなりますし、友人の期待に応えないことも意味しますので、否定的な態度をとることに罪悪感を抱いてしまうかもしれません。

特に所属欲求を強く抱く人は、身の回りで行われる話題を否定することは難しく、それよりも同じ話題で盛り上がり、「仲間」という感覚を強めるほうにメリットを感じることでしょう。〈MBTI?〉の話題が一体感をもたらすのは、このようなところにも要因があるのかもしれません。

つながりが感じられる

心理学に**栄光浴**（basking in reflected glory）という言葉があります。自分が所属するグループや関係する人物の成功や栄光を、自分自身のものであるかのように感じてしまう心理的な働きを指す言葉です。なお、よく間違える人がいるのですが、栄光「欲」ではなく、栄光「浴」です。他者の栄光を浴びるという意味です。

なぜ他者の栄光を浴びようとするのでしょうか。それは、自分の評価もその他者に釣られて高まるように感じるからです。

ある大学からの有名な卒業生がいると、その大学に所属しているだけで誇りを感じることがあります。自分の評価も高まった、と強くは感じないかもしれませんが、おそらく悪い気分にはならないのではないでしょうか。実際、各大学や高校のインターネット上の情報には、必ずといっていいほど「この大学・学校出身の有名人」のリストが掲載されていますし、その情報を見て「○○さん、この学校の出身だって」と話題にしたり、インターネットに投稿したりもすることでしょう。もちろん、あからさまに自慢をしているという感覚は少ないでしょう。しかし、なぜインターネットに投稿してしまうのかと言えば、その情報に価値があると感じているからのはずです。

ある大学に通ったり卒業したりすることと、同じ大学に有名な人がいたこととの間に、何か関係はあるのでしょうか。その大学に通うことで、その有名人と同じ何かが身についたと言えるのか、という点も疑問に思います(その大学では、有名人になるための教育を行っているわけではないでしょうから)。

多くの場合、大学や学校にとって、そこに通う生徒や学生たちのうち誰が有名になるかは予想できません。有名人が卒業する(あるいは卒業してから有名人になる)ことは、ほぼ偶然、巡り合わせで生じることだと考えたほうがよいでしょう。そして、大規模で学生数が多く、長い歴史をもつ大学はそれだけ有名人が輩出される人数が多くなる傾向があると考えられます。同じ確率で生じる現象であれば、集団が大きくなるほど発生する人数は多くなるのです。

しかも先ほど説明したように、私たちはまったく関係のない事柄であっても、ある人物との共通点があるだけで、その人物との一体感をもつようになります。有名人と同じ〈ＭＢＴＩ？〉のタイプだということがわかれば、当然ながらその有名人に対して親近感を抱き、有名人がもつ素晴らしさと何かしらのつながりが感じられます。「私はアイドルの○○さんと誕生日が同じ」「私の地元は俳優の○○さんの出身地」という感覚と同じだと想像すると、わかりやすいのではないでしょうか。

やっぱりそうなると思った

性格診断で出された結果に書かれた内容が多岐にわたると、どこかで何かしら、自分に当てはまるものです。多くの診断結果が提示されることで、現実のどこかに何かが当てはまるという可能性も高まっていきます。

加えて、自分が何か行動を行ったときには、「やっぱり自分は○○タイプだから、こういうところがあるんだ」と後づけで考えがちです。また、知り合いが何かをしたときにも、「やっぱりあの人は○○タイプだからそうなると思った」と、やはり後づけで考えがちです。たいてい、何かが起きた「後で」タイプの特徴に当てはめていないでしょうか。

何か物事が起こった後に、あたかも最初からその結果が予期できていたかのように感じることを、**後知恵バイアス**(hindsight bias)と言います。[21] ここでのバイアスとは、事実を歪めて認識することを指します。

オリンピックやワールドカップの開催前と閉会後の様子を思い浮かべてみてください。閉会後だと、「やっぱり日本のこの選手はここで活躍すると思った」と、あたかも最初から活躍を知っていたかのような気分になります。しかし、おそらく大会前の時点で予想を記録していたら、大会後に「最初から予想していた」感覚の内容とはずいぶん異なるものとなるでしょう。どこで誰が活躍したのか、何勝何敗だったのかなど、大会の期間中に得た情報であるにもかかわらず、まるで最初から知っていたかのように「感じてしまう」のです。

また、何か失敗した後で「やっぱりこうなると思った」と考えてしまうのも、後知恵バイアスです。最初から失敗することがわかっているなら、事前に対処できたはずなのです。対処ができていないということは、失敗を予期できていないことを指します。にもかかわらず、「やっぱり失敗すると思った」とあたかも最初からわかっていたかのように「感じてしまう」ものです。

よちよち歩きの子どもが、ローテーブルの周りを歩いているとします。「あっ」と思った瞬間に転び、顔に怪我をします。きっとご両親はその瞬間、「ああ、注意しようと思ったのに」「テーブルを片づけようと思ったのに」と感じることでしょう。このような現象もまた、後知恵バイアスです。

さらに「どうしてこうなることが事前にわからなかったんだ!」と、人を責めるときにも後知恵バイアスが関与しています。その人は事前にわからなかったから、それをしてしまったのです。わかっていたらやらないのですから。そう考えると、「どうしてわからなかったんだ」と叱責することは、限られた情報であることや予測不可能性、不確実性を過小に見積もり、結果として得られた情報をあたかも最初から得られていた情報であるかのように過大に見積もることから生まれていることが理解できます。結果を見てから過去の行動を批判することは、状況判断の難しさを軽視することでもあるのです。このような場合には、叱責するよりも、次につながる原因究明と対策を進めていくべきでしょう。

いずれにしても、私たちがものごとを判断するときに、後知恵バイアスは本当によく見られます。もちろん、このような判断にも、利点はあるのです。このように物事を見ることは、現実を強く印象づけることにつながり、そこから何かしらを学ぶ可能性が高まるからです[22]。

性格診断に伴う後知恵バイアスは、結果が生じてから「やっぱり」と考えているのにもかかわらず、あたかも最初から予測していたかのような錯覚をもたらします。この錯覚は、事前に予期していたような感覚につながりますので、やはり「この診断は当たっている」という感覚を生み出します。このような会話や「当たった」という感覚を繰り返すことは、「つまらない」という感覚よりも「楽しい」という感覚につながることでしょう。

性格がシンプルに理解できると思う

インターネット上の性格診断は、「あなたの特徴はこれです」と明確な診断を下します。しかし、現実の人間は、非常に複雑で多層的であり、もちろん性格診断に納まるほど単純なものではありません。

研究の世界では、あるパーソナリティ特性や心理特性と、ある行動とを一対一で対応づけることはしません。一対一で対応づけるというのは、「この人は外向的だから、飲み会に行くはず」とか「この人は寄付をしたから、やさしい性格にちがいない」と判断するといったことを指します。自動的で強制的な結びつけが、インターネット上の性格診断の特徴なのです。

確かに、外向的な人物は飲み会が好きな傾向があります。しかし、その人が外向的だからといって、いつも必ず飲み会に行くわけではない、ということは誰もがわかるはずです。そもそも外向的だとされる人物が全員、飲み会が好きというわけでもありませんし、お酒が弱い外向的な人物も存在します。仕事が忙しくて疲れが溜まっていて飲み会に行かない場合もありますし、たとえ内向的であっても気の置けない親友と頻繁にお酒を楽しむかもしれないのです。

また、ある人物がコンビニのレジで募金箱に寄付をしたからといって、やさしい性格の持ち主だとは限りません。前日に恵まれない子どもたちの様子をテレビ番組で見たことがきっかけで、たまたま募金箱を見つけて気が向いてお金を入れたのかもしれません。あるいは、周囲の人の目が気になって、募金しなければいけないという無言のプレッシャーを感じてしまったのかもしれません。

いずれにしても、ある行動は、性格だけから生じるわけではないのです。性格と行動を一対一で対応づけるのは過剰な判断だと言えます。性格を測定する際には、「あなたは○○をするほうですか」などと、行動を表す文言で測定したりします。そこでは、普段の様子を思い起こして、どの程度当てはまるかを回答します。程度なのですから、一対一の対応ではありません。性格を測定する場合には、程度や確率を問題にするのです。

さらに現在の心理学では、性格は階層構造をもつことが示されています。階層構造については、学力テストを思い浮かべるとイメージしやすいのではないでしょうか。

数学のテストは、ひとつひとつの問題に得点がつけられています。ある問題に正答すると二点、別の問題に正答すると三点など、得点が与えられます。また数学のテストには、下位領域の得点もつけられます。五問の得点を合計して計算問題の得点となり、三問の得点を合計して図形の得点、四問の得点を合計して方程式の得点、二問の得点を合計して証明の得点……そして、すべての得点を合計して一〇〇点満点の数学の得点となります。

現在の心理学では、外向性という性格の下に、下位特性（ファセット）と呼ばれる下位領域が設定されます。たとえば、二〇二二年に日本語版が発表され研究で用いられている、BFI-2という心理尺度でも、外向性を測定することができます。[23] BFI-2では、外向性のレベル（このレベルをドメインと言います）の下に、社交性（積極的に他の人と交わりよく話をする傾向）、自己主張性（人の上に立ち影響を及ぼしリーダーシップを発揮する傾向）、活力（活発で活力に満ち情熱的な傾向）という三つのファセットが設定されています。そして、それぞれのファセットは複数の質問項目（質問項目のレベルのことをニュアンスと呼ぶことがあります）で測定されます。ひとつひとつの質問項目から質問項目が集まったファセット、そしてファセットが集まった外向性全体という構造は、数学のひとつひとつのテスト問題から領域の得点、そして領域得点から数学全体の得点という構造と同じ形になっている、ということがわかるのではないでしょうか。

さらに言えば、ビッグ・ファイブ・パーソナリティの外向性、情緒安定性、開放性、協調性、勤勉性の五つは、数学、国語、英語、社会、理科といった教科のテスト得点と同じようなイメージで捉えることができます。もちろん、性格診断への回答は、学力試験への回答とはずいぶん異なります。しかし、得点の扱い方は同じなのです。

このように見てくると、性格を「○○タイプ」と断定する形とはずいぶん異なるように、研究の世界では捉えられていることがイメージできるのではないかと思います。まさにこれが、ここまでに説明してきたネット上のお手軽な性格分類と特性論（連続した個人差としての捉え方）の違いです。

しかし、残念ながらこれもすでに説明したように、このような特性論的な捉え方は、「ぱっと瞬間的に全体を理解することが難しい」のです。それに比べれば、ネット上のお手軽な性格分類における「あなたはこのタイプ」という捉え方はとてもわかりやすいものです。このわかりやすさが「面白さ」につながるのですが、一方で、わかりやすさというのは情報が単純化されており、細かいところが欠落しているのだということも考えてもらうとよいでしょう。

Ⅲ　楽しければいいのか

同意から楽しさが生み出される

インターネット上で提供される性格診断をお互いに受けて、自分のタイプは何で、目の前の人のタイプは何かという話をすることは楽しいものです。ちょうどよい話題を提供するものでもありますし、お互いの話題で盛り上がっているときには、楽しい気分を味わうこともできます。そして、診断結果を知ることは、自分自身や他の人のちょっとした秘密を知ったような気分にもなります。

しかし、ここでもやはり、「どうして楽しいのか」ということについて、もう一歩踏み込んで考えてみたいと思います。

「どうしてそんな面倒なことを考えなければいけないのか」と思うかもしれません。「楽しく会話が成り立つのだから、それでよいのではないか」とも、感じるかもしれません。性格診断や性格分類なんて、たいした問題になるわけでもないし、たいした話題でもないのだからよいのではないか、と考えるかもしれません。

しかし、そこからもう一歩考えてみましょう。この話題は、どうして楽しいのでしょうか。本書ではここまでにも、いくつかの観点からこの話題に触れてきたのですが、さらにもうひとつの理由があります。

それは、「お互いに同意できる話題だから」です。言い換えると「簡単には否定されない話題」だということです。

自分がこのタイプで、あの人はこのタイプだという話をしたときに、面と向かって否定する人はほとんどいないと予想されます。なんといっても、自分で質問項目に回答して、その結果が表示されているのですから、そこに何かしらの真実があるような気がします。ただし実際には、まったくの当てずっぽうな診断結果であっても、たいていはバーナム効果によって「そこに真実がある」かのような気がしてしまうものなのですが。

さらに会話の中で診断結果をお互いに確認して、「やっぱりそうか」「〇〇タイプだと思った」と「同意」が重なっていきます。これが楽しさを生み出すひとつの理由です。私たちは普段の会話の中で、ちょうどよく当たり障りなく、お互いに同意できるような話題を探していると言えるのかもしれません。

信じたいものを信じる

自分が出した考えについて、他の人から「やっぱりそうか」と同意が得られると、何が生じるのでしょうか。

それは、「自分が信じている内容を確かめることができる」という現象です。

私たちには、自分が信じていることを支持する情報を優先的に探して受け入れ、自分が信じていることを否定する情報を軽視したり無視したりする傾向があります。この認知的な傾向のことを、**確証バイアス**(confirmation bias)と言います。これは、私を含め、誰もがもつ認知的な傾向です。

インターネット上で情報を探すときには、まさに確証バイアスが大きく影響します。選挙で応援している候補者がインターネット上で多くの情報を発信していると、検索して情報を手に入れます。インターネットなどでは自分がフォローしている情報提供者の情報が優先して表示されますし、自動的にサムネイルに情報がオススメされて、目につきやすくなります。

実際には、自分が気になっている候補者に対するネガティブな情報もどこかで発信されていますし、対立候補のポジティブな情報も同じように発信されているのです。ところが、一方の情報にはほとんど目が行かず、気にすることもなく、もう片方の情報を目にするたびに「やっぱりこの候補者がいちばん良い。他の候補者はダメだ」という信念がますます強固になっていきます。

最終的に、投票結果を見て「あれ？　どうして当選しないの？」と疑問に思うこともよく生じるものです。自分が見てきた情報は、自分が推す候補者が当選するのが当然という論調だったのですから、そのように思うのも当然です。実は異なる情報もたくさんあるのですが、ネットで検索したりオススメに出てきたりする情報は、すでに偏っているのです。すると、「選挙で不正があったに違いない」「誰かの陰謀に違いない」と思い始め、またネットで検索を始めます。やはり同じように考えている人たちが情報を発信しており、その情報ばかりを集めるようになっていくかもしれません……。

もうひとつ例を挙げましょう。

ある男性が、どこかで情報を目にしました。にがり（海水から塩を取りだした後に作られる粉末または液体で、豆腐を作る際に使われる）が、万病に効くというのです。自分で情報を集めるうちに、本当ににがりが便秘や肌荒れなど、さまざまな病気にも効くという伝統的な健康法があることがわかりました。男性は自分の体調が悪いときにも、家族の体調が悪いときにも、にがりを使って治すようになっていきます。実際に、にがりを飲むと体調が改善するのです。そのうち、近所の人にも声をかけて、にがりを処方するようになっていきます。何年かすると、自宅に治療院を開き、体調が悪いと訪れた近所の人々の治療を行うようになっていきました。

実際に、似たような男性による被害を受けた学生がいたという話を聞いたことがあります。お腹の調子が悪く、家族もいつも通っている治療院に通院したところ「大腸がん」だと言われたというのです。その数カ月後、たまたまこの男性は薬事法違反で逮捕されたことから、この学生は大腸がんでも何でもなく、単にお腹の調子が悪かったことと、にがりの大量処方により体調が悪化しただけ、ということが判明したのでした。

私は話を聞いただけですので、この男性の詳細についてはあくまでも想像にすぎません。しかし、まさに確証バイアスが生じたのだろうと予想することはできます。

この男性がにがりを処方したら、「効いたように見えてしまった」のでしょう。実際には、にがりを処方しても、そこで生じるのはたいてい自然治癒です。頭痛も腹痛も、たいていはにがりを摂取しなくても放っておけば自然に治ります。しかし男性にとっては、にがりを処方すればどのような病気でも治るように見えてしまうのです。なぜなら、治らなかった人は次に目の前に現れず、目の前には「治りました。ありがとうございます」と感謝する人ばかりが現れるからです。ここで生じている現象もまさに、信じていることを確証する情報だけが手に入るという、確証バイアスです。この男性は確証バイアスが生じるプロセスの中に囚われてしまったからこそ、単ににがりを喧伝するだけでなく人々に処方し、さらには治療院まで開いてしまったのです。そして、通院してきた学生に対して「大腸がん」だと、大胆な診断まで下してしまうほど、自分の信念がエスカレートしていったのです。

性格診断でも、同じことが生じます。

「あの人って、○○タイプだからこうなんだよね」と発言し、周囲の人から「そうそう」と同意を受けます。ネットで調べれば、「やっぱりそうだ」という確証を得る情報がいっぱい手に入ります。すると、次第に、この情報に対して確信をもつようになっていき、訂正することが困難な状態へと陥っていきます。入り口はささいなことなのです。しかし、自説を確証する経験を積み重ねていくと、後戻りすることが難しくなっていくのです。

すると、何が起きるのでしょうか。

「私は、○○タイプとは相性が良くないから話をしない」「○○タイプとは友人になれない」「○○タイプの人がいる職場では働きたくない」……ここで生じているのは、先ほどのにがりを処方した男性と同じことではないでしょうか。

良し悪し

私たちは、グループに分かれるとすぐに、自分が所属する集団かそれ以外かという区別をします。自分が所属する集団のことを内集団、所属しないグループのことを外集団と言います。性格診断でタイプを分けることも、内集団と外集団を生み出しますし、インターネット上で提供される性格診断の結果を信じる人たちという内集団と、あまり信じない人たちという外集団も生み出します（もちろん、信じない人にとっては信じないグループが内集団です）。

内集団と外集団には、根本的な特徴があります。それは、自分が所属する内集団は、外集団よりも好意的に評価されるという特徴です。内集団は仲間であり、親しみをもって接する一方で、外集団は冷淡で敵対的な態度にもつながりやすい傾向があります。

どうも、〈ＭＢＴＩ?〉によって分類される類型は、日本人が均等に分類されるというわけではなさそうです。人数に偏りが生じています。加えて、「良いタイプ」「悪いタイプ」といったように、タイプに価値観が付随しているようにも見えます。

最近耳にした話だと、自分が納得いくタイプになるまで何度もネット上で〈ＭＢＴＩ?〉を繰り返す人もいるのだとか。そこまでやるなら、診断を受けずに自分で名乗ってしまえばいいのに……と、話を聞いて思いました。もしもあとで違うタイプが診断されて、友だちから「違うじゃないか」と言われたとしても、「そのときどきで変わるものだから」と言ってもいいのです。実際、研究や現場のために開発された性格検査でも、検査をするたびに多少の結果の変動は生じるものなのですから。

さて、タイプに良し悪しという価値判断が付随すると、話は厄介になってきます。「やっぱりあの人はこのタイプだからこんなに迷惑をかけるんだ」「このタイプだからあの人は話をしても面白くない」といったように、一種の陰口としてタイプ診断が用いられるようになっていきます。こういった内容まで、確証バイアスによって固定化されていくと、ますます「この人とは話をしたくない」という気持ちが強くなっていってしまいそうです。

偏見と差別と人権侵害

ある特徴に基づいて、物事や人を識別し、異なるグループやカテゴリに分けることを「区別」と言います。性格診断でタイプに分けることも、一種の区別です。

区別された特定の集団やカテゴリに属する人に対して抱く、単純化された固定的なイメージのことを「ステレオタイプ」と言います。ステレオタイプには、良いものも悪いものも含まれます。「このタイプはやさしい」「このタイプは賢い」「このタイプは仕事ができる」などは、部分的に事実を含んでいるかもしれませんが、全員がそうではありません。判断は過剰で、紋切り型で、あるカテゴリだけですべてを判断してしまっています。

特定の個人や集団に対して、特定の感情や態度をもつことを「偏見」と言います。偏見には肯定的なものも否定的なものもありますが、特に否定的な感情や態度のことを偏見と呼ぶ場合もあります。ステレオタイプに基づいて、先入観を伴う否定的な判断をすることです。「このタイプは好きになれない」「このタイプは嘘つきで信頼できない」「このタイプは攻撃的で和を乱す」といった判断は、偏見です。なぜなら、このタイプの中にも、そうではない人がいるのは当然だからです。本来、嘘つきなのはその「個人」特有の特徴なのであって、「タイプ」に特有ではないのです。「このタイプは嘘つきだ」という言い方は、このタイプに含まれる、実際には嘘つきではない人々もひっくるめて「嘘つきだ」と断じていることになります。

この考え方は、「この国の人々は信用ならない」「女性というのはヒステリックだ」「関西人はマナーが悪い」「東京の人は冷たい」といった発言と同じなのです。ある国や地域の人々について個々人を見れば、信用ならない人もいれば、とても信用できる人もいます。それが当たり前です。しかし、「このタイプは」と言い始めたとたん、そこに含まれる人々がすべて同じ特徴をもつように感じてしまうのです。

そして、偏見に基づいて不公平な扱いへとつながる行為をすることが「差別」です。人種や性別を理由に、就職の機会を与えないことは差別です。公共施設で特定の国出身の人々を排除することも、差別です。そして、「○○タイプの人」であることを理由に就職の道筋を断たれれば、それも差別となりえます。「○○タイプの人はこの職業に向いていないじゃないか」と言う人がいるかもしれません。しかし、ここまでに書いたように、たとえそのような研究結果があったとしても、その研究結果は、目の前の個人が絶対的にこの職業に向いていない、ということを意味するわけではないのです。就職の機会を奪うのは、性格を理由にするのではなく、もっと直接的な理由であるべきです。性格タイプによる合否の選別など、決してあってはならないことなのです。

さらに、これも私がよく用いるたとえなのですが、二〇〇〇万分の一でしか当選しないジャンボ宝くじを考えてみてください[24]。この低い確率は、ほぼゼロと言ってもいいくらい低い確率であり、研究の中では無視されるような確率です。しかし、毎年必ず、全国で数十人の当選者が生まれます。ほぼゼロとしか考えられない宝くじにも、必ず当選者は数人どころか数十人というレベルで存在するのです(年末には毎年、二〇〇〇万枚のセットを数十組販売することになるからです)。たとえ確率的な予測を行ったとしても、ある人が当選するのかどうかを予測することは、まずできないでしょう。この確率だと、基本は「はずれ」と考えるのが正しい判断です。

研究知見はあくまでも確率的なものであり、全員にまんべんなく当てはまるわけではないのです。たとえ「〇〇タイプはこの職業に向かない」という研究結果があったとしても、目の前にいる人は、その法則の外にいる、宝くじの当選者である可能性もあるのです。

「大げさな考えだ」と思うかもしれません。しかし、このように考えると、「〇〇タイプだから」という理由で本人の意向を制限する行為は、基本的な権利や自由を侵害する、差別的な行為である可能性も考えられるのです。

差別なんて思っていない

とはいえ、誰も「差別をしている」なんて思ってはいないことでしょう。

しかし、差別は「差別をしてやろう」と意気込んでするものではありません。「それが当然だ」と思ってするものです。

性格診断のタイプを信じ込み、「このタイプの人とはつきあいたくない」と断言することを、この言葉を発する人は「当然だ」と感じているかもしれません。しかし、何か実際に対人関係の中で問題を起こしたわけでもないのに、真偽もよくわからない性格診断の結果を相手に伝えただけで「つきあいたくない」と言われることに、正当性はあるのでしょうか。

現在流行しているネット上の性格診断が流行する前、日本では血液型性格診断や相性診断が流行していました（まだ信じている人はたくさんいます）。そこでも、「私は○型とはつきあいたくない」「○型とは友達になりたくない」という発言をする人に会ったことがあります。性格について説明した授業の後で、わざわざ私に知らせに来てくれた学生もいたくらいです。

最近の「私は○型とはつきあいたくない」という血液型を使った発言の枠組みが、「私は○○タイプとはつきあいたくない」と〈ＭＢＴＩ？〉の分類に置き換わっただけのように思えるのですが、どうでしょうか。

「差別的な扱いになりえることはわかった。でも、節度をもって楽しめばいいじゃないか」という意見も聞こえてきそうです。

しかし先にも説明したように、「楽しむ」という行為の中に、自分の信念を確証するプロセスが含まれているのです。自分の意見や考えに同意が得られるからこそ、楽しいのです。楽しい会話は、確証バイアスを助長させます。楽しく会話をしているうちに、「やっぱりこのタイプとは合わない」と思うようになり、「このタイプだとわかったら、もう会話をするのはやめておこう」と差別的な扱いへと進んでいくことは、容易に想像できます。

機会の損失

事前に相手が自分とは相性が悪いタイプだということがわかっているのだから、わざわざ会って話をする必要もないじゃないか、という意見もありそうです。

しかし、「本当に相性が悪い」のでしょうか。

人間関係というのは、良いことも悪いことも、つきあっていく中で両面が生じるものです。いつ会っても楽しいときを過ごすことができれば幸せなことですが、長い期間つきあっていけば、相手の良くない面が見えてくることも当たり前のことです。根本的に他人同士なのですから、それも当然です。

しかし「この人とはもともと合わない」という先入観があると、ふとしたズレや思い違いに直面しただけで「やっぱり合わない」と結論づけてしまいます。なぜなら、ここでも自分の信念に合致する証拠を探していってしまう、確証バイアスが生じるからです。「この人とは相性が良い」という先入観をもっていれば軽く見逃したであろう特徴でも、「この人とは相性が悪い」という先入観をもっていると、「やっぱりな」と信念を確証する情報として使われてしまうのです。

「これまで何人かと話をしたけれど、やはりこのタイプは自分には合わない。だから、このタイプだとわかったら、もう話をしない」という発言を聞くと「もったいない」と思ってしまいます。合うか合わないかは、実際に会ってから決めればよいのです。良い関係が営めそうであれば、今後も関係は継続していくことでしょう。

でも、最初は良くない印象だったけれど、何度か会ううちに印象が変わって、今では親友になっているということも、実際の人間関係でいくらでも生じるものです。しかし、「このタイプだから話もしない」と関係を拒絶していれば、仲良くなる機会も失ってしまいます。ネット上の性格診断によるタイプを信じ込んでしまうことは、自分の人生を狭く決めつけ、自分で将来の可能性を狭め、かけがえのない機会を喪失してしまうかもしれないのです。

努力の喪失

自分の能力や性格は生まれつきのもので変わらないという信念は、固定的知能観と呼ばれます（固定的マインドセットとも呼ばれます[25]）。一方で、個人の性格や能力が経験を通じて変化していくという信念は、増加的知能観と呼ばれます（成長マインドセットとも呼ばれます）。

固定的知能観をもつ人は、テストの結果を恐れます。なぜなら、テストの結果が悪いことは、生まれながらに自分の能力が低いことを意味してしまうからです。増加的知能観をもつ人は、失敗をしても勉強し直せば伸びるはずだと考えています。すると、固定的知能観をもつ人は、努力をあまりしなくなっていく可能性があります。頭の良さは生まれつき決まっているのですから、努力をしても変化しないという考え方につながることは予想できます。

ちなみに、固定的知能観と増加的知能観は、褒め方で変化するそうです。「頭が良いね」という褒め方は固定的知能観を助長してしまい、「頑張ったね」という褒め方は増加的知能観を伸ばすことにつながります。

そして知能観の考え方は、対人関係においても見られます。人々が「相性」という言葉を使うとき、生まれながらに決まっているような何かで、人と人の組み合わせが決まっているというニュアンスを含みます。これは、固定的知能観の考え方と同じではないでしょうか。

このような人間関係の捉え方をすることは、変化の可能性を軽視して、努力を放棄することにつながります。相手との関係は相性で決まっているのですから、自分が努力をしても無駄だと思えてしまうかもしれません。

性格診断に限らず「相性」を気にすることは、固定化した関係をイメージさせます。相性が悪いとされる相手との間で何か問題が起きると、すぐに「この関係はうまくいかない」とあきらめてしまい、関係性を改善しようとする努力を失わせてしまう危険性があると考えられるのです。

タイパやコスパを求める

現在の性格診断の流行は、タイムパフォーマンス（タイパ）やコストパフォーマンス（コスパ）を求める世相にも合致します。そして、二〇二〇年の新型コロナウィルス感染症の流行前後から一気に広まった、マッチングアプリの流行にも重なるように思います。二〇二二年の明治安田生命による調査では、マッチングアプリの出会いがきっかけとなって結婚したカップルはおよそ五人に一人とされています。(26)

マッチングアプリでは、個々人から得られた情報から最適な相手を見つけるマッチングが行われます。マッチングアプリのように、性格診断からも「相性が良い」「相性が悪い」という判断ができるように感じるのも理解できます。

マッチングサービスの場合には、大量のデータから何らかのロジックに基づいてマッチングを行っているでしょうし、サービス利用者が増えるほどフィードバックされるマッチングの成否の情報も増えますので、得られた情報を検討することでマッチング方法の確認と改善が可能になります。一方で、性格診断による「相性」の診断については、オンラインに置かれた性格診断を多くの人が行ったとしても、マッチング結果のような、結果のフィードバックは行われません。状況からして性格診断結果の改善は困難で、非常に心もとないものです。したがって、性格診断に人生の重要な選択を委ねるのは、ちょっと待っておいたほうがよいのではないか、と思います。

実際の人間関係は、わずらわしいものです。私自身も、人間関係が得意なほうではありません。最初から「あなたにぴったりの相性の良い人物はこの人です」「この人と合いません」と診断してくれたら、楽なことでしょう。でも、会ってみたら実はとても感じの良い人だった、という経験もたくさんしていますし、何度か会ううちに親しくなるという経験もしています。そもそも人間関係というのは、コスパもタイパも良くないものなのです。「○○タイプだから」ではなく、「実際に会ってみたらこの人はこういう人だったから」と、その人自身の特徴に基づいて判断したいものです。

診断に従って行動を変えてしまう

性格診断によって「あなたは○○型」と診断されると、自分自身の行動を変えてしまう可能性もあります[27]。

ある予測や信念が示されると、それとはまったく無関係の人々の行動を通じて、実際に実現してしまうような現象のことを、**自己成就予言**(Self-fulfilling Prophecy)と言います。まず個人に対して、予測や信念が示されます。その内容が自分に当てはまると思うと、「自分にはこういう面があるから」と実際に行動を行うようになります。すると、結果的に予言が成就するかのように、最初の予測や信念が実際のものとなっていく現象です。

たとえば、「あなたは外向型」と診断されることで、「自分は人と積極的に話すのが得意なのかも」と思い、積極的に行動するようになっていく可能性があります。すると、結果として自分自身でも「外向的だ」と思うようになりますし、周囲の人々からも「この人は外向的だ」と思われるようになっていきます。

このようなプロセスは性格診断だけでなく、学校や職場、普段の人間関係など、多くの場面で見られるものです。一種の思い込みによる効果も、自己成就予言によく似た現象です。

性格診断の結果が良いものであれば、自分自身の成長につながる行動を促すことになる可能性はあります。しかし、否定的な結果であれば、自分で自分の行動を抑制してしまい、成長の機会を逃してしまうことにもなりかねません。

そもそも性格診断の結果が、本当の自分自身の特徴とはあまり関係がない内容を表現していたとしたら、どうでしょうか。それでも診断結果を見て「自分はこういう人間だ」と行動を起こし、そこに近づいてしまう可能性があるのです。やはり、性格診断の結果を絶対視しないことが重要ではないでしょうか。

完璧な性格診断はあるのか

ではもしも、その人の特徴を寸分の狂いもなく当てるような、絶対的な性格診断が存在したとしたらどうでしょうか[28]。その絶対的な性格診断の質問に答えていくと、結果として「あなたは○○タイプ」という診断が下ります。そして、診断結果として特徴の記述が示されます。

この性格診断は絶対的なものなのですから、本人が訂正しても意味がありません。「あなたはこのタイプなのであり、これがあなたの特徴です」と示された内容は、本人がどうあがこうが変わりもしませんし、その人のタイプがいったん診断されたら一生変わらないのです。自分では「変わりたい」と思っても無理です。もう変わることはありません。

こんな性格診断があったとしたら、それは危険な存在と言えるのではないでしょうか。自分では予想もしなかった結果が出るかもしれませんが、その結果は自分でも訂正不可能で正しいものなのです。もしも書かれた記述の中に「あなたは病気がちな人です」と書かれていたら、本当に病気にかかりやすいことを意味するのです。「あなたは結婚できない」と書かれていたら、実際にその通りになるのです。絶対的な性格診断というのは、もはや予言であり運命の宣告です。こんな危険な道具をインターネット上に置いて、誰もが診断できるような状況にしておくのは、世界的な大問題です。

裏を返せば、性格診断というものは、そこまで絶対的なものではないからこそ、楽しむことができるということになります。確かに、「遊び程度」で楽しむことは可能でしょう。しかし一方で、ここまでに説明したように「楽しいのはなぜか」を少し考えてほしいのです。その楽しみの中に、曖昧な結果に対して同意を得て、自分が思っていることを確証し、そのうち重要な決定のよりどころにしてしまうようなプロセスは存在していないでしょうか。

「だから〇〇タイプはいやなんだよね」という発言をしてしまうようであれば、要注意です。その発言は、いくら楽しみの中でされた発言であったとしても、差別の一歩手前だとも言えるからです。

性格検査はなんのため

さて、心理学の分野で性格検査を開発する歴史は非常に古く、さまざまな場面で現在も利用されています。

第一に、性格検査は、医療機関で診断や治療の補助として用いられています。とりわけ心理療法場面で来談者のパーソナリティ特性や心理状態を評価して、適切な治療計画を立てたり、治療の進行に伴って良い方向へと進んでいるかを確認したりするために用いられます。

第二に、教育場面で生徒や学生の個性や学習のスタイルを理解して、適切な指導や支援を提供するために役立てられます。中学や高校時代に、進路適性検査を受けた経験があるかもしれません。将来の進路選択やキャリアプランを支援するためにも、検査が利用されています（進路適性検査も、内容は性格検査と重なる部分が大きいものです）。もちろん、検査した後にどのように使うかについては、学校や教師に委ねられていますけれども。

第三に、企業や職場の場面で用いられます。新たに従業員を採用する際に、候補者の適性を評価するために性格検査が利用されます。また就職後も、従業員の強みや悩みを理解して対処するための補助的な道具として、また仕事のチームをうまく作るために利用されます。性格検査と研修をセットにして、社員のスキルアップや自己理解の促進を目指すこともよくあります。

第四に、心理学やその他の学問における研究の中でパーソナリティ特性や心理状態を把握するために用いられます。研究者としては、もしも研究目的の調査に参加する機会があれば、ぜひ多くの方にご協力いただきたいところです。

いずれの利用方法についても、診断を受ける人が自分自身だけで検査を受けて、自分だけで判断するようなことはないと考えるのが適切です。役に立つ検査であるほど、専門的な立場からの支援を必要とするのです。

注意すべきこと

性格検査を利用する際には、いくつかの注意点があります。

まず、心理学の研究の観点から、信頼性と妥当性について十分に検討した検査や心理尺度を利用することが望ましいという点です。信頼性とは、時間的に安定した測定が行われるかと、複数の質問が全体的に同じ方向を向いて測定しているかどうかを検討することを意味します。そして妥当性は、測定しようと意図している概念を本当にうまく測定できているかという問題です。信頼性も妥当性も、多くの情報を集める中で検証されていきます。論文に掲載されている心理尺度や検査しか用いるべきではない、というわけではありません。もちろん、論文に信頼性と妥当性の情報が掲載されていれば、それらの論文を読むことで内容の評価を行うことができます。実際、心理学の論文では数多くの尺度開発、検査開発の研究が発表されており、もちろん内容を読み解くだけの学問的な知識は必要なのですが、それぞれの論文を読むことで各尺度の特徴をつかむことができます。重要な点は、利用しようとする検査や心理尺度において、どのように信頼性と妥当性が検討されてきたのかを知ろうとすることです。

次に、専門家の支援を受けることです。そもそも心理検査や性格検査というのは専門家の管理の下で実施されるものであり、自分自身で診断結果を解釈するものではないのです。なぜなら、検査というのは時に、本人が望まない結果をもたらす可能性もあるからです。実際に病院や臨床現場で役立つ検査というのは、病理的な徴候や何らかのリスクにつながりうる特徴を判定するものです。また、本当の意味で自己理解を試みるときには、自分の中の知りたくない、直視したくない内容にも触れていくことも起こりえます。専門家の管理の下で検査が行われるのであれば、本人の不利益にならないような情報の取捨選択が行われたり、より良い方向性に考え方を導いたりすることも、問題があれば適切に対処したりすることも可能です。病気について検査を受けた診断結果の解釈を、自分で行うようなことはないはずです。役に立つ性格診断というのは、切れ味の鋭い刃のようなものです。使い方を間違えれば、人を傷つける可能性もあるということを知っておいてもらいたいと思います。

最後に、ある検査の結果がすべてだとは考えないことです。健康診断のことを思い浮かべてください。血液検査やレントゲン、エコー検査などで「要再検査」という結果になることがあります。しかし多くの場合、クリニックや病院でもう一度詳しく検査をすると、「問題なし」と診断されます。一時的に体調が悪い場合もありますし、検査自体の誤差もあります。検査はあくまでも検査であり、確定された診断ではないのです。

性格の診断だって、健康診断と同じです。ある人物の性格について考えるときには、とても多くの観点から判断する必要があります。そうであるにもかかわらず、どうも性格診断については、結果を確定的なものだと思ってしまう人が多い印象があります。ある性格診断は、その性格診断の枠組みから個々人を捉えているだけです。ここでは、あくまでも情報の一部にすぎないという、一歩引いた態度が求められます。「自分はこのタイプだから」と固定した考え方をするのは、やめておくのが無難でしょう。

最後に

自分を理解するというのは、お手軽に性格診断の結果を知ることではありません。

それは、「自分について語ることができる」ことを指します。自分はこれまでどのような経路を歩んできたのか、何をしてきたのか、誰と会ってどんな人間関係を築いてきたのか、何を目指しているのか、何に興味があって何が好きで何が嫌いなのか……。「自分はたいした人生を歩んでいない」と卑下する必要はありません。誰の人生にもドラマがあります。つまらない人生などないのです。

何かの判定をすることを目的とした性格診断は、回答を数値化して、人々の平均的な姿からどれくらい外れているかを見ていくだけのものです。このような考え方は、心理学の研究においては、うまく情報の整理を行うことができ、とても役に立ちます。しかし、個々人の独自の個性をうまく表現することができるとは限りません。自分を自分なりの言葉で表現してみましょう。それだけで、他の人とは違う自分だけの姿が見つかるはずです。

もう一度、宝くじの例を思い出してみましょう。性格診断でわかることは、「宝くじなんて当たるはずはない」という統計的な推測だけです。目の前の人が一等を当てる人なのかどうかは、性格診断ではわからないのです。

私自身、今回の書籍のお話をいただいたものの、他の締め切りや他の仕事もありますし、何をどのようにまとめていくのかアイデアも浮かばず、なかなかこの原稿に取り掛かることができませんでした。しかし、ふとしたきっかけで原稿を書き始め、ようやく最後が見えてきました。このような経験は、私だけが得たものです。皆さんもそれぞれ、皆さんだけの経験をしているはずです。それぞれの人が実際に経験すること、どのようなことを達成したのか、どうしてあることに興味をもっているのか、どうしてそれが好きでこちらが嫌いなのか、体験した中で何を感じたのかということは、性格をタイプに分けるだけでわかるものではありません。

私は性格の研究をしています。性格の研究をしていると伝えると「心が読まれそう」などと言われたりすることがありますが、そんなことはとてもできません。また、性格の研究といっても、集団を対象として得られたデータを統計的に分析し、数値として表現されることがほとんどです。そういった研究では、目の前にいる人がどういう性格なのかということよりも、集団全体がどのような傾向を示しているのかというところに関心が向いています。おそらく私は、性格検査を用いて集団としての特徴はわかっても、個人のことが簡単に理解できるとは思っていないのだろうと、今回の原稿を書きながら再認識しました。

目の前の人を理解するには、目の前の人に自分のことを語ってもらうことがいちばんなのです。その人の「個性」は、その人が語る豊かな言葉の中で表現されるのであって、検査結果の「〇〇タイプ」だけで表現されるものではありません。

アメリカのパーソナリティ心理学者マクアダムス(Dan P. McAdams)は、人間のパーソナリティを多層的に捉えるモデルを提唱しています。[29] レベル1は、ビッグ・ファイブ・パーソナリティなど、パーソナリティ特性で表現されるレベルです。「この人は外向的で協調性が高く、勤勉性(誠実性)が低い」といった表現のしかたがこれにあたります。レベル2は、特性だけで表現することが難しい、状況に合わせた個人の行動パターンや行動戦略のことを指します。勤勉性(誠実性)が高い人物なので、学校では勉強にも部活動にも一生懸命に取り組んでいるのですが、家に帰るとリラックスして服も脱ぎ捨てて片づけない、といったように、状況に応じて行動が大きく変わることは誰にでも見られることです。そしてレベル3は、ナラティブ(物語)のレベルです。自分はどのような人物なのか、過去から現在、未来をつなげて「物語」として語ることです。自分の人生を意味づけ、自分の言葉で自分を語ることが、自分を理解するためには不可欠なのです。

何度も繰り返しますが、「○○タイプ」で表現することが、役に立つ場面というのはあるのです。しかしこれもすでに説明したように、性格検査は本来の目的のもとで役に立つ道具なのです。自分を知るために本当に役立つかというとやや疑問に思いますし、単なる興味本位で他の人の診断結果を知ることは、メリットよりもデメリットのほうが大きい可能性があるだろうと思います。性格診断にこだわるよりは、多くの体験をして、対話を積み重ねるほうが良いのではないでしょうか。

とはいえ、今や多くの人々が自己紹介でアルファベット四文字を示す様子や、インターネットのプロフィールにも書かれている様子を目にすると、なかなか私が言いたいことは伝わらないかもしれない、とも思いながらここまでの文章を書いています。この点については、私はちょっと悲観的です……。

注

(1)MBTI® and Myers–Briggs Type Indicator are registered trademarks of the Myers & Briggs Foundation, Inc. in the United States and other countries.
(2)ＭＢＴＩ認定ユーザーと呼ばれます。
(3)加茂富美子・稲橋喜美子・大沢武志・江副浩正・和田武治・永田嘉代・井上健治・芝祐順・橋口英俊、一九六五、「ＭＢＴＩ日本版標準化の試み（その一）」日本教育心理学会第七回総会発表論文集」三一六―

三二一頁。

（4）二宮祐、二〇一五、「総合検査ＳＰＩの開発経緯——一九六〇年代から一九九〇年代までを対象として」『大学教育研究ジャーナル』一二、二一—三〇頁。

（5）日本ＭＢＴＩ協会について　https://www.mbti.or.jp/about/

（6）Allport, G. W. & Odbert, H. S. 1936, Trait-names: A psycho-lexical study, ***Psychological Monographs, 47(1)***, i-171. https://doi.org/10.1037/h0093360

（7）Goldberg, L. R. 1990, An alternative "description of personality": The Big-Five factor structure, ***Journal of Personality and Social Psychology, 59(6)***, 1216-1229. https://doi.org/10.1037/0022-3514.59.6.1216

（8）16 Personalities, CORE THEORY: Our Framework　https://www.16personalities.com/articles/our-theory

（9）このあたりの記述は、いつウェブサイトにアクセスしたかで変わっていってしまう可能性があります。おそらく、さまざまな指摘に対応しつつ記述を変化させているのではないかと推測されます。

（10）「16 Personalities 性格診断テストを「ＭＢＴＩ®」だと思って受けられた方へ」　https://www.mbti.or.jp/attention/

（11）ブライアン・Ｒ・リトル、児島修（訳）、二〇一六、『自分の価値を最大にするハーバードの心理学講義』大和書房。

（12）Ｓ・Ｏ・リリエンフェルド、Ｓ・Ｊ・リン、Ｊ・Ｍ・ロー（編）、厳島行雄・横田正夫・齋藤雅英（監訳）、二〇〇七、『臨床心理学における科学と疑似科学』北大路書房。

（13）McCrae, R. R. & Costa, P. T., Jr. 1989, Reinterpreting the Myers-Briggs Type Indicator from the perspective of the five-factor model of personality, ***Journal of Personality, 57(1)***, 17-40. https://doi.

org/10.1111/j.1467-6494.1989.tb00759.x

(14)辻岡美延、一九五七、「矢田部・Guilford 性格検査」『心理学評論』一、七〇―一〇〇頁。

(15)戸川行男、一九四二、「内田クレペリン作業検査法の紹介報告」『心理学研究』一七、一―二〇頁。

(16)Forer, B. R. 1949, The fallacy of personal validation: a classroom demonstration of gullibility, ***Journal of Abnormal and Social Psychology*, *44(1)***, 118–123. https://doi.org/10.1037/h0059240

(17)Meehl, P. E. 1956, Wanted–a Good Cookbook, ***American Psychologist*, *11(6)***, 263–272. https://doi.org/10.1037/h0044164

(18)イアン・ローランド、福岡洋一(訳)、二〇一一、『コールド・リーディング――人の心を一瞬でつかむ技術』楽工社。

(19)Tajfel, H., Billig, M. G., Bundy, R. P. & Flament, C. 1971, Social categorization and intergroup behaviour, ***European Journal of Social Psychology*, *1(2)***, 149–178. https://doi.org/10.1002/ejsp.2420010202

(20)Baumeister, R. F. & Leary, M. R. 1995, The need to belong: Desire for interpersonal attachments as a fundamental human motivation, ***Psychological Bulletin, 117(3)***, 497–529. https://doi.org/10.1037/0033-2909.117.3.497

(21)Fischhoff, B. 1975, Hindsight ≠ Foresight: The Effect of Outcome Knowledge on Judgment Under Uncertainty, ***Journal of Experimental Psychology: Human Perception and Performance*, *1(3)***, 288–299. https://doi.org/10.1037/0096-1523.1.3.288

(22)マーク・フリーマン、鈴木聡志(訳)二〇一四、『後知恵――過去を振り返ることの希望と危うさ』新曜社。

(23)Yoshino, S., Shimotsukasa, T., Oshio, A., Hashimoto, Y., Ueno, Y., Mieda, T., Migiwa, I., Sato, T.,

Kawamoto, S., Soto, C. J. & John, O. P. 2022, A validation of the Japanese adaptation of the Big Five Inventory-2 (BFI-2-J), *Frontiers in Psychology, 13*: 924351. https://doi.org/10.3389/fpsyg.2022.924351
(24)小塩真司、二〇二四、『「性格が悪い」とはどういうことか――ダークサイドの心理学』ちくま新書。
(25)キャロル・S・ドゥエック、今西康子(訳)、二〇〇八、『「やればできる!」の研究――能力を開花させるマインドセットの力』草思社。
(26)明治安田生命「いい夫婦の日」に関するアンケート調査を実施　https://www.meijiyasuda.co.jp/profile/news/release/2022/pdf/20221116_01.pdf
(27)坂元章・三浦志野・坂元桂・森津太子、一九九五、「通俗的心理テストの結果のフィードバックによる自己成就現象――女子大学生に対する実験と調査」『実験社会心理学研究』三五(一)、八七―一〇一頁。
(28)小塩真司、二〇一五、「心理テストは信用できるのか」『心理学ワールド』六八、一三―一六頁。
(29)McAdams, D. P. 1995, What do we know when we know a person? *Journal of Personality, 63(3)*, 365-396. https://doi.org/10.1111/j.1467-6494.1995.tb00500.x

小塩真司

1972年愛知県生まれ．名古屋大学教育学部卒業，同大学院教育学研究科教育心理学専攻修了．博士(教育心理学)．2012年より早稲田大学文学学術院教授．専門はパーソナリティ心理学，発達心理学．著書に『自己愛の青年心理学』(ナカニシヤ出版，2004年)，『はじめて学ぶパーソナリティ心理学』(ミネルヴァ書房，2010年)，『性格を科学する心理学のはなし』(新曜社，2011年)，『性格がいい人，悪い人の科学』(日経プレミアシリーズ，2018年)，『性格とは何か――より良く生きるための心理学』(中公新書，2020年)，『「性格が悪い」とはどういうことか――ダークサイドの心理学』(ちくま新書，2024年)など．

性格診断ブームを問う
――心理学からの警鐘

岩波ブックレット1107

2025年4月4日　第1刷発行

著　者　小塩真司《おしおあつし》

発行者　坂本政謙

発行所　株式会社　岩波書店
〒101-8002　東京都千代田区一ツ橋2-5-5
電話案内　03-5210-4000　営業部　03-5210-4111
https://www.iwanami.co.jp/booklet/

印刷・製本　法令印刷　　装丁　副田高行　　表紙イラスト　藤原ヒロコ

ISBN 978-4-00-271107-2　　Printed in Japan

読者の皆さまへ

岩波ブックレットは，タイトル文字や本の背の色で，ジャンルをわけています．

赤系＝子ども，教育など
青系＝医療，福祉，法律など
緑系＝戦争と平和，環境など
紫系＝生き方，エッセイなど
茶系＝政治，経済，歴史など

これからも岩波ブックレットは，時代のトピックを迅速に取り上げ，くわしく，わかりやすく，発信していきます．

◆岩波ブックレットのホームページ◆

岩波書店のホームページでは，岩波書店の在庫書目すべてが「書名」「著者名」などから検索できます．また，岩波ブックレットのホームページには，岩波ブックレットの既刊書目全点一覧のほか，編集部からの「お知らせ」や，旬の書目を紹介する「今の一冊」，「今月の新刊」「来月の新刊予定」など，盛りだくさんの情報を掲載しております．ぜひご覧ください．

▶岩波書店ホームページ　https://www.iwanami.co.jp/ ◀
▶岩波ブックレットホームページ　https://www.iwanami.co.jp/booklet ◀

◆岩波ブックレットのご注文について◆

岩波書店の刊行物は注文制です．お求めの岩波ブックレットが小売書店の店頭にない場合は，書店窓口にてご注文ください．なお岩波書店に直接ご注文くださる場合は，岩波書店ホームページの「オンラインショップ」(小売書店でのお受け取りとご自宅宛発送がお選びいただけます)，または岩波書店〈ブックオーダー係〉をご利用ください．「オンラインショップ」，〈ブックオーダー係〉のいずれも，弊社から発送する場合の送料は，1回のご注文につき一律650円をいただきます．さらに「代金引換」を希望される場合は，手数料200円が加わります．

▶岩波書店〈ブックオーダー〉　☎04(2951)5032　FAX 04(2951)5034 ◀